Roger Franchini
AMOR
ESQUARTEJADO

Roger Franchini
AMOR ESQUARTEJADO

Planeta

Copyright © Roger Franchini, 2012

Preparação: Gabriela Ghetti
Revisão: Maria Luiza Poleti
Imagem de capa: Nilton Fukuda/AE
Diagramação: S4 Editorial
Capista: Mauro C. Naxana e Vinicius Rossignol

CIP-BRASIL. CATALOGAÇÃO-NA-FONTE
SINDICATO NACIONAL DOS EDITORES DE LIVROS, RJ

F89c

Franchini, Roger
   Amor esquartejado / Roger Franchini. – 1. ed. – São Paulo : Planeta, 2012.
   168p.: 21 cm

   ISBN 978-85-7665-964-8

   1. Homicídio. 2. Crime – Ficção. I. Título.

12-6441
CDD: 364.1524
CDU: 343.301

2012
Todos os direitos desta edição reservados à
EDITORA PLANETA DO BRASIL
Avenida Francisco Matarazzo, 1500 – 3º andar – conj. 32B
Edifício New York – 05001-100 – São Paulo-SP
vendas@editoraplaneta.com.br
www.editoraplaneta.com.br

O escritor de livros policiais e o repórter de guerra apenas intensificam o contraste entre o detalhe importante e o insignificante, transformando-o numa tensão entre o pavoroso e o comum: um soldado morre ao lado e um menino vai para a escola.

(Como funciona a ficção
– James Wood)

Aos Policiais de São Paulo que persistem em não ceder à sedutora tentação do crime.

ADVERTÊNCIA
Trata-se de uma obra de ficção. Os personagens e o universo criado na história só existem na cabeça do autor. Qualquer semelhança com fatos, nomes ou ciscunstâncias terá sido mera coincidência.

1. CHEIRO DE MORTE

— Bárbara, quando você vai deixar a vida de puta e viver comigo?
— Quando você me pagar vinte mil por mês, querido.

Naquela manhã de quarta-feira, logo que terminou o plantão, Rodrigo foi ao flat de Bárbara com a desculpa de sempre: tomar café. Antes que a cafeteira começasse a exalar colunas de vapor quente com cheiro pastoso de grão tostado, já estavam sem roupa na cama.

Ele cogitou tomar um banho antes de se encontrarem. Tinha nojo de si, porque, naquela madrugada, ocupou-se com um resto de corpo abandonado às margens do Rio Pinheiros durante todo o período de trabalho. Era um podrão e, como não poderia deixar de ser, anônimo e putrefato. O fedor azedo da carne mole o acompanhou até a cama e deitou-se ao lado de Bárbara.

Nos primeiros meses de atendimentos às ocorrências, logo que começou a trabalhar na Homicídios, a visão de músculo e gordura se desprendendo dos ossos ao menor esforço dos carregadores, derramando-se pelos arredores feito sabão derretido, lhe causava uma repugnância contida. Com o tempo, a imagem perdeu o impacto, dando lugar à aversão pelo mórbido odor que aderiu ao seu corpo.

Pensou que a moça notaria o desagradável aroma da morte impregnado em sua roupa, mas a insistência com que ela o abraçava o aliviou da ideia de uma rejeição. Só teve certeza de que não precisaria se livrar do defunto quando sua própria pele passou a carregar o perfume da companheira, que ele nunca descobriu qual é, e ela nunca lhe disse.

Dormiram cobertos apenas pela mistura de seus líquidos.

Pouco antes do meio-dia, Rodrigo acordou com o balançar da cama provocado pela saída de Bárbara. Admirou-se com a coragem da menina que abandonou o calor das cobertas. Fingiu sono e continuou deitado, manteve os olhos fechados para se lembrar do sonho que tivera, mas que desaparecia na penumbra da memória. Passos, pessoas e rostos iam e perdiam-se em buracos profundos de amnésia instantânea.

Antes que pudesse vencer a recordação, um suspiro trouxe o agradável aroma de shampoo que restava sobre o travesseiro desocupado. O lugar ainda estava morno quando Bárbara sentou-se:

— Bom-dia. – A melodia rouca na voz de Bárbara fez Rodrigo sorrir antes de abrir os olhos. – O café tá pronto.

— Você me esperou para beber?

— Vou te esperar a vida toda, querido.

À medida que as cansadas retinas de Rodrigo ajustavam o foco, a imagem da figura feminina de pescoço agudo e longos cabelos pretos começava a tomar uma personalidade distinta dos tecidos da cama. A luz do sol na transparência da cortina descansava em suas costas, para gravar no colchão uma sombra que parecia devolvê-la para o conforto das cobertas.

— Eu preciso tomar um banho.

— Gosto de você assim, em pelo – respondeu Rodrigo, enquanto a puxava pelo braço até o alcance de sua boca.

O investigador era sua quarta transa desde a noite passada. E a primeira em que gozou. A língua de café amargo percorria a boca do policial, lembrou-se do velho de sobrancelhas grisalhas e espetadas que chegou às oito e meia, com o Jornal Nacional, e que só queria um beijo longo. Esse ela não contabilizou como sexo, mas cobrou a hora pelo mesmo esforço. Dizia-se advogado e com esposa fria desde sempre, apesar de ter lhe dado dois filhos há quatro dezenas de anos.

Nove e meia, o baixinho invertido que gostava de usar calcinha enquanto ela o chupava. Quinhentos reais. Onze e meia veio o velho silencioso e bem-dotado, que além dos oitocentos reais também lhe trouxe um par de brincos solitários.

Uma hora, cliente novo, oriental, sorridente. Conversaram durante quase todo o tempo. Pelo horário em que se dispôs a visitá-la, supôs que a aliança que trazia na mão esquerda já não lhe valesse o risco de ser descoberto pela esposa. Despediu-se ao perceber que o sono já pesava nos olhos da mulher.

— Quantos vagabundos você matou hoje, Rodrigo?

— Eu não mato ninguém. Eu descubro quem matou... – "Mesmo que para isso eu precise matar alguém", pensou Rodrigo, mas não disse.

Não tinha sido de todo sincero; sua função no plantão do DHPP (Departamento de Homicídios e de Proteção à Pessoa) era apenas se dirigir aos locais de crime, recolher as informações da ocorrência e repassar o caso da melhor maneira possível para a equipe de investigação. Para ela, pouco importava detalhes burocráticos de sua função. Bastava a arma que via em sua cintura e a viatura estacionada na porta do prédio.

E isso lhe parecia uma troca justa. Rodrigo estava sempre por perto, mesmo por telefone, para uma conversa carinhosa.

Certa vez, quando um cliente já conhecido apareceu bêbado, ela se recusou a recebê-lo. Em troca, levou tantos golpes no rosto que o aspecto doentio que sua aparência lhe obrigou a recusar serviços por um mês inteiro. Rodrigo a amparou com as contas urgentes e com cuidados médicos. Ela soube depois, pelas amigas de ofício, que seu agressor perdera alguns dentes e a dignidade em uma misteriosa surra que levou dentro do banheiro da Love Story.

Nunca perguntou se Rodrigo era casado, comprometido ou coisa que o valha. Também ele sequer aparentava querer saber se Bárbara era realmente seu nome. Uma única vez ele disse: "Adoro seu sotaque cearense", que ela entendeu como indício de curiosidade sobre sua terra natal. Não queriam ir além disso.

O máximo de intimidade para ele era saber que Bárbara estava exposta, sem pudores, no site de acompanhantes MClass. Foi ali que a conheceu, coelhinha da Playboy do mês de julho de 2008 e destaque da revista Sexy do mês de junho de 2010. Morena, 25 anos, 1,76 metro, manequim 38, disponível para viagens e casais. Acompanhante de alto nível para pessoas de bom gosto. Aos assinantes, tinha silicone, signo escorpião, pés tamanho 38, tatuagem de fada na linha da cintura e não fazia anal (regalo com que só laureou à Rodrigo depois da sova no cliente desaforado).

Bastava estarem ali, juntos, para que ele se esquecesse da insistente presença do cheiro de defuntos podres.
— Rodrigo, você não tem nojo de mim?

2. O GANSO ELEGANTE

A fila de espera nos elevadores do palácio da polícia alongava-se pelo corredor de paredes altas, quase chegando à guarita da saída do prédio. Imensos painéis de vidro ladeavam o ambiente, ostentando reconstituições de investigação e técnicas forenses como se fossem as mais avançadas tecnologias de polícia judiciária.

A arquitetura gelada do recinto sem janelas dava um aspecto dramático às fotos de vítimas que enfeitavam o recinto, esquartejadas em diversos formatos e medidas. Os visitantes não acostumados com aquilo não escondiam o terror diante de tamanha violência. Repórteres, advogados, testemunhas... apesar do espanto, era raro alguém homenagear com respeito os mortos ali estampados, porque sabiam ser apenas tinta impressa em papel de má qualidade. Antes disso, vinha o medo daqueles homens que não temiam expor a miséria da morte com tanta naturalidade.

Para Rodrigo, apenas o tédio de esperar sua vez e subir. Era seu décimo ano no DHPP, e os andares pareciam cada vez mais distantes do térreo a cada plantão. Lembrou-se de quando ainda sentia seu sangue ferver de raiva ao ver sempre vazio o elevador reservado para os delegados enquanto os funcionários se espremiam nos que restavam, após longa espera.

Mas naquele dia não estava ali para trabalhar. Tinha ido à loja em frente, O Ganso Elegante, comprar um coldre novo para o buldoguinho que carregava na perna.

Chuviscava, o que bastava para lhe convencer a adiar seu retorno para casa. Não tinha dúvidas: o trânsito atrasaria sua volta em pelo menos duas horas. Melhor subir, sentar-se em alguma poltrona escondida, ler alguma coisa e torcer para que não aparecesse nenhum serviço...

De súbito, sentiu dedos estranhos apertando o aço da pistola que carregava na parte de trás de sua cintura. Saltou instintivamente um passo, empurrando outro polícia que estava distraído à sua frente na fila:

— Porra, velho do caralho. Quer tomar um soco sem querer?

— A menina arrepiou, foi? – O mal-estar com as pessoas ao redor foi desfeito com a gargalhada felpuda de Maurício.

Trazia consigo um carrinho de mão enferrujado, lotado de inquéritos e papéis que algum dia valeram alguma coisa para alguém.

— Que você tá fazendo aqui, garoto? Não é sua folga?

Rodrigo evitou explicar sua jornada pelo centro da cidade, a rápida passagem pela loja. Não estava disposto a alongar-se na conversa, por isso deixou de se queixar do tráfego paulistano que lhe impedia de voltar para casa. Aquela presença senil o envergonhava.

Maurício fora seu chefe durante alguns anos, que lhe serviram para entender que o significado de escrúpulo só dependia do que você poderia ganhar em troca. Se não fosse a obrigação do cargo, Rodrigo jamais teria se aproximado dele.

Desagradava-lhe seu jeito vulgar de conversar e, às vezes, evitava encará-lo: gordo com papo pendurado sob o queixo de barba mal feita, dentes tortos e hálito ruim. Do nariz escapavam caoticamente grossos pelos brancos que pareciam tocar seus lábios. Não suportava a ideia de um dia ter aquela idade, embora reconhecesse certo respeito por seu passado.

Em sua época de investigador atuante, Maurício tinha sido um policial com ótima reputação. Elucidava crimes e tomava dinheiro de bandido com a mesma competência, o que lhe garantiu as melhores vagas dos departamentos.

Rodrigo demorou a entender a régua moral da polícia, e tantos anos na companhia de Maurício o fez optar por trabalhar somente aquilo que seu salário valia, apenas. O plantão da Homicídios era confortável... Não se envolvia com investigações, acertos e outras condutas que, dentro de si, comedido e sem aparentar, sabia ser errado. Sorria quando era necessário, abraçava, se fosse preciso.

— Preciso fingir que faço alguma coisa nessa porra, senão me aposentam. Só saio dessa merda na compulsória, meu filho. Ou morto. – Maurício tirou os dois inquéritos mais volumosos do carrinho e entregou para Rodrigo, sem lhe dizer o que devia fazer com aquilo. – Muito bom que tenha aparecido hoje. Precisava mesmo falar contigo, garoto. Venha. Vai gostar.

Curioso e desajeitado com a atitude do velho, tentou recompor a ordem das páginas que se soltavam de sua mão enquanto Maurício abria caminho com passos recalcitrantes, desviando a geringonça barulhenta entre as pessoas da fila. Parou em frente ao elevador dos delegados e lhe explicou baixinho:

— Toma. Carrega mais esse para parecer que está trabalhando muito. Se alguém perguntar, você está ajudando o velho estafeta cansado.

Um senhor de terno bem-cortado, com aparente distinção, aproximou-se da dupla. O ar sereno não escondia o incômodo pela presença das figuras que pretendiam dividir o mesmo aparelho; Maurício adiantou-se:

— Boa-tarde, doutor. O senhor recebeu o café?
– Com certo esforço, o homem lembrou-se de Maurício. Ensaiou um sorriso discreto e estendeu a mão

para lhe agradecer pelo que parecia ter sido um presente, elogiando o aroma da bebida. Subiram os andares conversando amigavelmente sobre o sul de Minas e suas fazendas de grãos celebrados na Europa.

Rodrigo, incomodado com a longa conversa que presenciava, mantinha o nariz na direção oposta ao hálito podre de Maurício, mas com cuidado para que não se ofendesse. Uma das poucas coisas que aprendeu com seu antigo chefe eram os gestos de simpática polidez com pessoas que não mereciam sequer um bom-dia. Nessas ocasiões, sempre trivial e bem-humorado, em nada aparentava o velho que soltava palavrões a cada bater de dentes.

Essa natureza múltipla de caráter era uma característica que Rodrigo, espesso de culpa, invejava no Velho, porque sabia que nunca teria a mesma competência para enganar. Quando era necessário ser hipócrita ele conseguia, no máximo, ser um cínico cruel.

O Velho despediu-se educadamente do delegado com a promessa de logo lhe apresentar uma premiada "cereja descascada", digna dos melhores paladares.

— Esse corno fodeu forte com um camarada – comentou Maurício – Aí o colega acordou num domingo e meteu um tiro na cabeça, na porta do Cemitério da Consolação.

Era impossível saber se a história era verdadeira. Tinha a certeza de que, em alguns pontos, os relatos aleatórios do Velho eram exageros para valorizar sua carreira decadente.

Agora, por exemplo, Rodrigo lembrava-se da história de um polícia que se suicidou olhando para os túmulos de algum cemitério. Poderia ter sido apenas uma notícia remota lida em algum jornal ou a passagem de um filme que assistiu. Foda-se! Nunca iria saber com certeza.

Ao passarem em frente à sala da quarta Equipe F-Sul, cumprimentos à escrivã que arrumava a bolsa, jogando sobre a mesa apetrechos de maquiagem, Maurício pediu que esperasse e entrou com um sorriso doce que trazia escondido sob a barba densa. Conversaram entre carinhosos apertos de mão e cochichos íntimos que despertaram a impaciência de Rodrigo.

A mulher correspondia aos galanteios com vaidade. Uma conversa miúda, mas que ao longe, pelos olhos de Rodrigo, não parecia ser de toda lasciva. O natural aspecto duro de quem ouviu depoimentos a vida inteira estava sempre presente nos olhos da mulher, por mais que ela tentasse ceder à feminilidade.

Discretamente – como se fosse possível fugir da vigilância de Rodrigo, a escrivã tirou da bolsa um CD prateado e o entregou para o velho policial, que lhe agradeceu com um delicado carinho no dorso das falanges cansadas de teclar.

Quando Maurício voltou, parecia preocupado durante a caminhada para sua sala.

— Menino, quantos PMs já morreram de tiro esse ano?

— Sei lá. – A estranha pergunta surpreendeu Rodrigo. – Que eu tenha atendido pessoalmente, acho que uns dois.

— Se isso o que tenho na mão for verdade, qualquer morte de PM é pouco perto do que esses filhos da puta estão fazendo com a polícia civil.

3. DEIXE OS FANTASMAS LÁ FORA

A indisposição de Maurício com os PMs não era novidade na Polícia. Os mais próximos diziam que a desavença remontava ao início de sua carreira, nos anos em que trabalhou no Dops, o Departamento de Ordem Política e Social. Comandado por militares das forças armadas, jovens recrutas das polícias estaduais tinham que se submeter ao rigor da disciplina castrense na luta para impedir o avanço dos jovens comunistas.

Naquela época, só não abandonou o distintivo e a arma porque a vida sorrateira oferecida pela instituição falava mais alto do que as ordens dos coronéis. "Feche a porta, garoto. Deixe os fantasmas desse prédio lá fora." Além disso, havia os bicos de segurança, transporte de valores para bancos e casas lotéricas, trabalhos que somente os policiais poderiam fazer, já que eram os únicos homens armados que andavam de viaturas.

Por muitos anos, foi o investigador-chefe da mais atuante delegacia da Homicídios, derrubando grandes serviços em todas as semanas e glorificando o DHPP como o órgão de polícia judiciária com as melhores estatísticas de elucidação de crimes do país.

— Posso abrir a janela? Tem alguma coisa fedendo aqui.

— É seu cu arrombado que está fedendo. Senta ali, no banquinho, e me ouve. — Sob a indiferença de Rodrigo, Maurício apontou para uma montanha de entulho entre dois armários, o que poderia esconder algo que servisse de assento.

A claustrofóbica sala de Maurício denunciava sua aproximação do precipício profissional; um sinal de seu iminente fim na carreira. Não era maior do que qualquer banheiro do prédio, e um observador atento às cicatrizes das paredes poderia descobrir que realmente tinha sido um banheiro.

A pequena mesa de madeira arranhada era cercada de caixas e papéis, montanhas que chegavam ao teto. Algumas latas de tinta com instrumentos de metais que um dia foram peças essenciais de alguma máquina, agora serviam, ao mesmo tempo, de estoque, cadeira e apoio para outras latas ou caixas.

A sala estava perdida em algum lugar da história da Polícia Civil. Apenas o notebook ligado sobre a mesa, perdido entre anotações ilegíveis e canetas que há muito não escreviam, indicava o ponto atual do calendário. Era o melhor companheiro do Velho, nas tardes solitárias de vídeos pornôs.

— Rodrigo, um exu me disse que um empresário fodão foi sequestrado há alguns dias... tá sabendo?

Enquanto procurava o tal banquinho, mostrou o interesse que a pergunta do amigo merecia. Apesar de não ser mais chefe de ninguém, as esparsas informações de Maurício ainda eram procuradas pelos mais novos.

Ninguém sabia como, mas ele levantava notícias relevantes das ocorrências que ouvia pelos corredores. A procura dos investigadores por sua ajuda acrescia-lhe a autoestima, imaginando que estavam ali para prestar um dever de lealdade por todos os anos dedicados à gloriosa.

Por suas costas, a figura gorda e robusta encavernada naquele recôndito do prédio era motivo de zombaria por outros policiais, tido como obsoleto, quando não, maluco.

Hoje, afastado da correria do plantão, das intrigas das equipes e (com muito pesar) longe dos boletins de ocorrências, divertia-se tentando derrubar um serviço antes dos outros policiais, ali mesmo, em sua salinha fedorenta, apenas recolhendo fofocas e conversando com quem estava disposto a lhe ouvir.

Ao acompanhá-lo, Rodrigo temeu por sua reputação, já bastante duvidosa.

Sabiam que ele e o Velho tiveram em comum a amizade do bom Eduardo, um tira que generosamente ajudava a todos que precisavam com os milhões recolhidos ao longo da carreira. Sua presença, então, era justificável pelo respeito ao policial que todos gostavam.

Mas seria breve na visita. Só queria saber que diabos era aquilo que o esperava.

Preferia aceitar que fora arrebatado pela curiosidade, não pela compaixão, sentimento que nenhum policial merecia. Algum dia, quando Rodrigo também já não tivesse mais forças para levantar a arma, talvez seu destino fosse o mesmo, no fundo de alguma cisterna da polícia, fingindo não ser um estorvo, um resto de instrumento que fora essencial a alguma máquina.

Quando ouviu "exu", Rodrigo entendeu que a informação era boa, mas de fonte perigosa e credibilidade duvidosa. Porém, que não poderia ser descartada.

— Tô sabendo não.

— Um bizu que eu recolhi por aí. Não tinha levado a sério, porque achei cinematográfico demais...

Como era de se esperar, Maurício não iria contar a história por inteiro. Aguardava que Rodrigo lhe fizesse as perguntas certas para lhe tirar informações precisas. O jovem conhecia aquele jogo desde a época em que era seu subordinado. E nunca teve paciência para fazer as vezes de aluno aplicado.

Se por algum motivo se submetia a ser o interrogado de Maurício, era por saber que tal *mise en scène* mostrava-se mais divertida do que a poltrona do corredor ou o trânsito de São Paulo.

Ao se levantar do banquinho e se dirigir à janela, irritou Maurício com o que parecia ser um ato de desatenção ao que lhe contava:

— E o que esse sequestro tem demais? — Empurrou com a cintura a cadeira que suportava o corpo gordo de Maurício para atingir a maçaneta da janela. Ao descobrir que ela estava emperrada, passou a estudar seu mecanismo. Maurício não gostou do aparente desprezo pelo que tinha a lhe dizer:

— Porra, moleque, não aprendeu nada nesses anos? Quantos sequestros de empresário você acha que a polícia investiga atualmente?

Era uma pergunta pertinente essa a do velho. Deu-se conta de que há muito tempo não ouvia falar de grandes sequestros. Puxou o ferro da janela com razoável força, suficiente para quebrar sua velha estrutura e ver a maçaneta se despedaçar em suas mãos.

Conseguiu abri-la, como queria. Maurício não demonstrou zanga pelo desastre; Rodrigo estava pronto para dizer que consertaria o estrago, mas percebeu que seu desdém pela conversa era algo mais grave, ao ponto de deixá-lo envergonhado.

— Quem é o cara?

— Um japonês... Presidente da maior indústria de pipocas do Brasil.

— Pipocas?
— Ok, foi maldade. A firma do cara abraça todo o ramo alimentício.

Com o que sobrou da maçaneta em suas mãos, uma linha de pelos arrepiados subiu pelo seu braço. Lembrou-se de que Bárbara, a puta com quem tinha transado na noite passada, lhe confessara ter entre seus melhores clientes um rico empresário oriental, proprietário da mesma empresa.

Poderia não ser a mesma pessoa, um irmão, conhecido. Poderia ser mentira da garota de programa... fosse o que fosse, a coincidência o intrigou.

— Quando ele sumiu?
— Domingo. Mas olha só: só hoje vieram registrar o BO. E quem trouxe a notícia foram os irmãos dele. A esposa disse que não foi sequestro.
— Por que ela acha que não foi sequestro?
— Ela acredita que ele fugiu com uma GP, sua amante...

Se a garota de programa amante do japonês fosse realmente Bárbara, era a primeira vez que Rodrigo teria algo pertinente para completar nas informações trazidas pelo antigo chefe. Desejou guardar para si o fato de que a versão da esposa seria impossível, já que estivera na mesma cama do álibi do empresário há algumas horas.

— A esposa está mentindo, Maurício.

— É óbvio, caralho. Principalmente por causa disso aqui... – Maurício retirou do bolso da jaqueta jeans um CD, o mesmo que Rodrigo o viu receber das mãos da escrivã. Socou no buraco do notebook e aguardou as imagens aparecerem.

Na tela, um vídeo mostrava um trecho de uma rua qualquer da cidade de São Paulo. Dia, barulho. No trânsito confuso de veículos, um carro grande e escuro é seguido pela câmera. Maurício percorre o cursor pela *timeline* do programa, fazendo as imagens ganhar uma cômica rapidez. Sabia aonde queria chegar, por isso evitava assistir o desnecessário.

Atingiu a noite escura e muda, gravada clandestinamente. A câmera ainda estava dentro de um veículo, mas dessa vez estacionado. Tinha o zoom em seu máximo, e, mesmo com a granulação típica, era possível ver um homem alto, com feições orientais, saindo de outro carro, também grande, mas agora prateado. Cumprimenta o manobrista, ri, pergunta algo...

— Quer ver a GP, Rodrigo? Um tesão...

Maurício deixou transcorrer a sequência de imagens para assistirem ao instante em que ela desceu do veículo. Voltou algumas vezes para escolher o melhor momento em que seu rosto ficava visível na tela.

Mesmo com a distância da câmera e a razoável resolução, Rodrigo teve certeza. Tratava-se de Bárbara.

— Depois do restaurante, eles vão para um hotel. Só saem depois das quatro da manhã. No dia seguinte, a mesma putaria. Na rua, trocam beijinhos, afagos e essa besteirada toda... O japonês aproveitou que a esposa viajou e passou dois dias ao lado da GP, como se fosse sua mulher principal. Olha só, Rodrigo. Que bunda gostosa... Imagino ela rebolando no meu pau, bem devagar...

— Quem gravou essas imagens?

— Aí é que a merda começa. De acordo com a esposa, foi um detetive que ela contratou porque vinha desconfiando da traição. Depois que o marido sumiu, ela mostrou as imagens aos irmãos.

A tensão de Rodrigo não permitia que acompanhasse a linha de raciocínio de Maurício. Tentava entender como Bárbara tinha se envolvido com aquela história, e onde o velho pretendia chegar.

— Para justificar a versão de que ele teria fugido com a amante... – Rodrigo não acreditava nas próprias palavras.

— Exato, garoto. Só que a merda está na escolha do japa. Veja. – Mostrou no monitor, com a caneta de ponta mordida, um carro escuro – talvez uma Pajero, Hilux, Tucson – sempre atrás do veículo do empresário. Seguia-o com o cuidado de quem dirige sem ser percebido, e, em alguns momentos, o empresário parecia manter contato visual com seus ocupantes.

— Tem polícia na parada...
— Polícia, nada. Tem PM na parada, Rodrigo. Tanto a escolta quanto o detetive são a corja fardada.

Eram palavras pesadas, mas sabia que deveria ignorar o ódio de Maurício para manter distância segura de seu preconceito.

— O delegado quer saber quem é a puta, Rodrigo.
— Acho que a menina não sabe de nada. Se a história da esposa é grupo, é só apertá-la que dá o serviço fácil.

— Rodrigo – disse Maurício, com a incisão de quem já sabia a resposta –, o delegado me procurou. Há anos nenhum *majura* vem nesse chiqueiro falar comigo. Ele sabe que eu posso descobrir quem é a puta...

— Porra, esse delegado é um jumento. Quebra logo o sigilo telefônico da esposa. Na certa vão encontrar as ligações dela para o ganso que fez as imagens... e se a escolta é verdadeira, ela vai saber dizer quem são os caras...

Maurício esperou alguns segundos antes de virar-se para o computador e abrir algumas pastas. Na tela, saltou a imagem de Bárbara à venda no site MClass.

Certa vez, Maurício lhe confessou que, dentre seus hábitos, pesquisar diariamente o andamento dos sites de acompanhantes era o que mais lhe dava prazer. Tinha um gigantesco banco de dados de prostitutas paulistanas, útil para alguma investigação e bastante acessado pelos colegas que o procuravam para pedir indicação de alguma companhia segura.

Quando alguma delas abandonava o site, seja porque deixara de ser puta ou porque tinha sido adotada por alguém, Maurício guardava a cópia da página em uma carinhosa pasta chamada "casadas".

Acompanhava pela internet a carreira das meninas e se entristecia quando alguma deixava de ser acessível na rede, como era o caso. A página da Bárbara estava salva em arquivo PDF, porque Rodrigo sabia que já tinha sido retirada do ar. Seria estupidez perguntar como ele soube de sua relação com a mulher...

Finalmente, colocou a maçaneta quebrada sobre a mesa. O silêncio inquisidor do velho lhe cobrava providências:

— O que eu devo fazer, Rodrigo? Conto para ele que a GP é seu pasto?

— Ela não tem nada a ver com isso, Maurício.

— Eu não duvido, moleque. Mas eu sempre tive certeza de que você iria morrer por causa de uma buceta. Venha comigo. Vamos resolver isso antes que resolvam pela gente...

— Tá maluco, velho? Não vou me afundar na merda dessa história?

— Quer ver sua amiga presa?

A expressão de espanto não coube na face de Rodrigo. A ideia de que alguém próximo pudesse ser indiciado era algo que nunca lhe ocorrera. Pela primeira vez, entendera seu sentimento por Bárbara. Algo inominável entre abraço e carinho, um cuidado que o amedrontava.

— O delegado suspeita que ela tá de rabo preso com os PMs e o detetive. Gravaram o vídeo, mostraram para o japonês para extorqui-lo e no final acabou dando alguma merda na parada.

Foda-se a vadia. Não tenho nada a ver com isso... Rodrigo não teve coragem para dizer o que tinha vontade. Precisou de alguns segundos para concluir o que Maurício guardava na ponta da língua:

— A mina vai falar pro delegado que te conhece...

"Esquece, Velho do caralho! Não vou entrar nessa!"

— Pior: mesmo que não fale sobre você, vão descobrir quando quebrarem o sigilo telefônico dela. Seu número vai estar lá, na mesma lista em que está o número do japonês, dos PMs...

— Por que você tá fazendo isso, Velho?

Foi a única vez em que Rodrigo viu um sorriso espontâneo na boca flácida de Maurício.

— Sei que sou um merda, Rodrigo, e que você está cagando para mim. Mas você foi um filho para o Eduardo, o único cara nessa bosta que fazia a polícia valer a pena. Nunca confiei em ninguém nesse inferno, só nele... sempre me disse coisas boas sobre seu caráter, que nunca foram desmentidas por ninguém.

Antes do câncer comer o esôfago dele, quando ainda podia conversar, me pediu para não deixar que nada de mal acontecesse com você... você sabe que minha palavra não vale porra nenhuma, mas gostaria de... pelo menos uma vez... poder cumpri-la. Se não ligar para isso, pense que faço pelo Eduardo, não por você.

Não era um motivo que convencesse Rodrigo. Sentiu a perda de Eduardo bem mais do que quando sua própria mãe morreu, e compartilhava com Maurício a saudade do tira. Não queria sair daquela sala, mas precisava falar com Bárbara sobre tudo o que acontecera.

— Menino, você não tem mais nada na vida além da polícia. Tudo bem, o Edu deixou uma grana bacana para você, para mim... mas se te acontecer alguma coisa, acha que vai conseguir viver lá fora desarmado? Não se assuste. Não estou querendo dizer que vai te acontecer algo ruim... só quero cuidar para que não aconteça. Confie em mim. Já matei, já cheirei, já roubei... já consegui escapar de broncas que até eu acho que é mentira, imaginação de velho doente... Deixa eu te ajudar... É o mínimo que posso fazer pelo Edu. Vamos conversar com sua menina antes que o delegado a encontre... e arredondamos a história para quando ela for depor...

Buscou na memória algum diálogo com a mulher em que pudesse perceber a intenção criminosa de Bárbara... lembrou-se das poucas vezes em que comentaram sobre o cliente japonês. Viajaram juntos para a cidade de Marília por alguns dias, ela se fazendo passar por compradora (vendedora?) de amendoim...

Vagabunda...

4. BIANCUDA

Rodrigo não via tanta urgência nos passos de Maurício desde os ataques de maio de 2006. O ímpeto de recruta latejava sob o corpo cansado pelo tempo, tão esperançoso quanto o último respiro de um homem certo de seu afogamento.

Maurício trancou a porta com as duas chaves tetra que carregava no bolso. Tanto cuidado porque deixou na sala o que sobrara da riqueza de sua vida...

— Ouça, Rodrigo. O delegado é o doutor Rubens. Ele gosta de você e de mim. Vocês começaram juntos na polícia, não foi? No mesmo distrito?

— Sim. Foi meu delegado no plantão do 27º DP. Mas logo o Eduardo conseguiu que ele fosse transferido para a secretaria e virou adjunto do secretário...

— O Edu? – Maurício mirou o infinito. Lembrou-se do tira das antigas, parceiro nas canas. Veio a recordação de um tempo remoto, em que os policiais militares não ousavam erguer os olhos para um delegado de polícia... Um tiro disparado na Rodovia Fernão Dias que lhe atravessou o pescoço. Foi inevitável não olhar para a canela de Rodrigo, onde estava guardada a arma do filho da puta que o atingiu naquela madrugada...

— Ainda há lealdade nessa merda... enfim, disse ao delegado que sabia a identidade da amante, mas em troca da informação eu o convenci de irmos juntos à casa do japonês para conversarmos com a esposa do cara, mas não abra o bico. Sua menina vai ficar bem. É inevitável que ela seja ouvida no inquérito... então melhor que ela seja trazida por nós... Mais cedo ou mais tarde iriam descobrir a identidade da moça. Eu só o ajudei a antecipar a descoberta.

Ao atravessarem o longo corredor, um investigador de bigodes, rosto conhecido de todos, viu a estranha dupla circulando junto e perguntou, em tom sarcástico, se Maurício estava com uma nova namoradinha.

— Tô sim, Sérgio. É a arrombada da sua mãe – Rodrigo sentiu que corou tanto com o comentário do investigador quanto com a reação de Maurício. Teve vontade de não mais prosseguir, com receio de que sua imagem ficasse, de alguma forma, ligada ao Velho decrépito.

O tira de bigodes (que agora sabia se chamar Sérgio) era o piadista do local, mas nunca havia inserido Rodrigo em seu repertório de gozação. Sinal de que deveria se afastar de Maurício o quanto antes.

Enquanto esperavam o elevador, interromperam a conversa com a aproximação de uma jovem mulher.

A ponta aristocrática daquele nariz não era estranha para Rodrigo. Teve certeza de já ter observado curioso as curvas sinuosas das coxas daquela policial loira em outra oportunidade.

— Bianca! Biancuda!

— Velho! Vai tomar um pouco de sol? – A mulher aproximou-se de Maurício e lhe ofereceu um carinhoso abraço. – Desistiu do almoxarifado?

— É. Vou jogar migalha de pão para os pombos na praça. Conhece Rodrigo, meu filho mais novo? – Forte aperto de mão que não parecia pertencer àquela pele macia. O balançar de cabeça dos jovens sinalizou que se conheciam de algum corredor. – O que está achando das ruas?

— Caminhando. Não tive tempo de lhe agradecer pela ajuda, Velho. Obrigada. Não aguentava mais trabalho de maçaneta no RH. Minha arma estava enferrujando na cintura...

Levantou a barra da camiseta vermelha, ostentando para Rodrigo a cintura baixa de sua calça jeans. O desenho suave do osso da bacia indicava que sua calcinha deveria estar ali, em algum lugar profundo entre a virilha e a circunferência da cinta.

Uma fina tatuagem em forma de renda negra descia rapidamente das costas e tangia pela avenida de sua estreita barriga, em certos momentos salpicada de dourado pela delicada penugem loira. O risco de tinta

gravitava sem pressa em torno do pequeno umbigo, antes de se transformar em um ideograma japonês circundando um líquoso dragão que afundava reto, até ser interrompido pela fivela.
— O que está escrito aí?
— "Coragem." Você notou que eu estou armada? – disse, para difamar a falsa gentileza da pergunta de Rodrigo. – Eu achei que ia cuidar de investigação, Velho. Mas me colocaram para fazer trampo de escrivão...
— Calma. Sua cana vai chegar...
— Porra. O delegado tá achando que vim para enfeitar a equipe. Se ele precisa de uma Barbie, não sou eu quem...
— Mulher, tenha paciência.

Bianca corou as bochechas brancas, piscou os dois olhões azuis com tanta energia que fez Rodrigo respirar fundo para não se perder naquela imensidão. A ponta da língua lambuzou seus lábios de saliva como um remédio para acalmá-la. Ia começar a pedir desculpas para o velho e dizer que não queria ser ingrata pela ajuda que conseguiu em sua transferência. Mas o elevador chegou...

— Depois conversamos mais sobre isso, Bianca. Até lá, se precisar, me ligue. Mas não faça besteiras, ok? Nós vamos pela escada.

Era rotina descerem alguns lances pela escada interna do prédio até dois andares abaixo, onde todos os elevadores eram obrigados a estacionar. Um privilégio para a sala do delegado geral de polícia, que ficava no mesmo andar, porque assim o chefe máximo da corporação, quando precisasse usá-lo, não precisaria esperar por muito tempo.

Rodrigo não gostou do modo como a moça se despediu, sorrindo, enquanto as portas de metal se fechavam, como num espetáculo. Até poderia ser uma boa policial, mas, com aquela aparência de princesa, seria incapaz de conseguir dar voz de prisão a algum mala...

— Era só o que me faltava. Dei tanto duro para conseguir levar essa menina para a investigação, e agora ela me indispõe com o delegado...

Desceram pelas escadas com Rodrigo à frente, mas logo precisaram diminuir o ritmo quando o fôlego de Maurício começou a faltar.

— Deixe que eu converso com a Bárbara, Maurício. É o mínimo que posso fazer para não parecer tão escroto.

— Rodrigo, por que você não se casa com uma boa moça? Deve haver alguma por aí, para com esse negócio de GP... Quer terminar como o Edu? E olha que aquele filho da puta morreu sozinho, mas milionário... *você não tem mais ninguém no mundo? Algum parente?*

— Isso não é da sua conta.

— Tá se sentindo solitário. Você já tá dando a bundinha também? Foi assim que eu comecei...

— O falso mau humor de Maurício era um alerta de que a conversa não lhe interessava. Seguiu sua viagem por mais alguns degraus.

— Vai tomar no cu, Velho bicha — As palavras de Rodrigo não chegavam ser uma ofensa... Os silêncios repentinos que interrompiam os diálogos, como se não houvesse mais assunto, não os incomodavam nem um pouco. O ofício obrigava as longas companhias cansativas, e com o tempo aprenderam que uma presença quieta ao lado não significava desconforto ou falta de utilidade naquela pessoa... era só cansaço. Assim mesmo, ele mesmo. Cansaço. A ausência de ruído era só o descanso para a eterna espera do flagrante.

— Você precisa sair desse inferno, Rodrigo. Por que não faz dança de salão? No Eldorado tem um lance assim... a gente se inscreve no bagulho, aí tem umas trintonas desesperadas para casar, quarentonas abandonadas, doidas por um carinha como você, solteiro, pintoso, armado... Só tome cuidado com as meninas filhas de divorciadas. Porque essas passam a vida toda querendo trazer o pai de volta, e só dão para o marido para provocar o fujão... Se o pai resolve voltar, xiii... aí também volta a paixão por ele e te dão um pé na bunda. Se for filha de divorciada, certifique-se de que o pai dela está morto.

— Velho doente. Por isso mulher nenhuma nunca te quis.

— Você só me conheceu velho. Acha que eu também não tive sua idade? Aliás, sabe muito bem como você vai terminar... — Parou novamente apoiando-se no corrimão da escada, exausto, como se estivesse subindo, e não despencando. Seu gordo corpo apoiado em apenas uma perna parecia querer sentar nos degraus. — Deixa eu te perguntar uma coisa, menino. Você ainda tem o buldoguinho que o Edu te deu?

— Que saco, porra. Por que você não pega para você de uma vez por todas?

Maurício segurou o revólver trinta e oito de cano curto com o cuidado de sempre. Trouxe para mais perto dos olhos, cheirou seu cano... rodou o tambor para ouvir o canto da catraca...

— Você não está nessa parada só para me ajudar, Maurício. — O eco das frases de Rodrigo trombava com o som carregado da respiração de Maurício. O velho gordo tirou um lenço engordurado do bolso da calça e besuntou sua testa suada:

— Tem razão. Sabe quantas vezes na carreira eu tive a chance de foder legal com a PM? Eu estaria nessa mesmo que eu não tivesse as duas pernas (que Deus não me ouça) — benzeu-se com o sinal da cruz e devolveu o revólver ao amigo, segurando-o pelo cano, como se deve entregar uma arma a um amigo.

— A polícia acabou, Rodrigo, por causa da PM. Eles passam por cima da polícia civil como se tivessem o direito de investigar. Estou pouco fodendo com sua mina, com o delegado, com o japonês desaparecido... quero apenas dar cana em PM, entendeu? Não posso me aposentar sem antes ter o prazer de algemar um milico, de preferência, oficial. Falando nisso, sua amiga tem amigas legais?

— Legais e caras. Esquece. Você não teria dinheiro para uma trepada com elas.

— Merda... o corno do prefeito fechou todos os puteirinhos que eu frequentava e agora só me restaram essas porras de sites em que não dá para ter certeza de quem a gente vai comer... – tentou devolver o lenço no mesmo bolso, mas a dificuldade era tanta que parecia não ter saído de lá

Deixou escapar um sorriso ao concluir que, apesar dos esforços do Poder Público para manter a moralidade nas ruas, nenhuma sauna gay tinha sido fechada.

5. CAVALGADAS

O prédio na Vila Mariana era um dos mais caros do bairro, mas isso não chamava a atenção dos vizinhos, porque todo o espaço era um dos mais caros da cidade. Sol brilhante, raro nos meses de maio em São Paulo, época do ano que normalmente embolora os corações de seus habitantes com a longa e nublada garoa gelada.

Cachorros passeando encoleirados pelas calçadas, seguidos por seus donos que carregavam garrafas d'água para matar a sede do animal durante a caminhada e saquinhos plásticos para recolher o cocô. Não perceberam a aproximação do velho Santana preto, de vidros escurecidos, à procura de uma vaga.

O carro parou a algumas quadras, e de seu interior desembarcaram os dois polícias, Rodrigo e Maurício. Quase não seriam notados não fosse pelo trinta e oito Taurus, seis polegadas de aço cromado que o polícia mais idoso trazia na cintura, refletindo a claridade do dia.

— Ô velho... – disse Rodrigo, baixinho – esconde isso aí. Tá parecendo PM...

— PM?

— É, cara. Fica mostrando o trabuco assim em público. Pega mal... isso é coisa de PM, tira do GOE...
— PM o caralho! – velou o metal da arma sob a camisa amarrotada, tentando esconder o volume.

O desleixo na aparência de Maurício fazia Rodrigo se lembrar do estereótipo de investigador que via nas pornochanchadas. A camisa aberta no peito deixava escapar uma abundância de pelos grisalhos, amparados apenas pelo cordão de ouro pendurado no pescoço. Ignorou a vergonha de tê-lo ao lado, porque sabia que o desconforto de sua presença não iria durar muito.

A Rua Tutoia era conhecida amiga de Maurício. Por ali ficavam as instalações do que tinha sido a Oban, o antigo centro de investigações montado pelo Exército para comandar os órgãos de combate às organizações armadas de esquerda durante a ditadura. Ia comentar alguma história de sua primeira missão na Polícia, porém Rodrigo não lhe parecia do tipo que se sentia à vontade com os submundos da tiragem. Fez anotar apenas já ter trabalhado há muito tempo no 36º DP, que hoje ocupava o mesmo prédio. O rapaz fingiu não ouvir.

"Uma pena. Nunca vai saber sobre a história do túnel de cem metros que saía da Oban e ia até o Comando do Segundo Exército, por onde desovávamos a história", Maurício pensou que São Paulo tinha orgulho de suas guerras, mas não entendia por que se envergonhavam tanto dessa.

— Logo ali temos a Avenida Vinte e Três de Maio, em homenagem à palhaçada do golpe do movimento separatista, palhaçada que só podia ter saído da cabeça de PMs. Por mim, o nome deveria ser Avenida Oban, para todo mundo se lembrar do que o povo bandeirante é capaz...

Do bolso da jaqueta, Rodrigo sacou o celular.

— Fique aqui, Velho. Vou subir primeiro, ok?

— Tá com medo de que ela esteja lá trabalhando? Digo, com alguma companhia?

Não se dignou a responder a ofensa para evitar mais palavrões no meio da rua. Deu as costas para Maurício enquanto o telefone tocava três, quatro, cinco vezes:

— Bárbara, preciso conversar contigo. É urgente.

— Oi, querido. O que aconteceu?

— Tem alguém aí?

— Não, mas...

— Eu vou subir.

— Agora não dá, querido. Eu estou esperando alguém...

Maurício pensou em elaborados impropérios para rechear as piadas do insólito diálogo que presenciara. Teve certeza de que o rapaz acreditava em seu relacionamento com a puta e não estava preocupado com a carreira ou com os riscos que sua vida corria. Deixou-se envolver apenas para proteger a menina, como se fosse a última que iria conseguir comer na vida.

De nada adiantaria conselhos. Estava apaixonado feito um garoto de quinze anos. Um escravo da buceta (orgulhou-se da metáfora, mas previu a reação de Rodrigo se com ele a compartilhasse).

Teria desenvolvido sua teoria sobre meninos e mulheres com a profundidade merecida não fosse a visão do homem recostado em uma Pajero escura, logo a frente, óculos de sol, boné e cigarro à boca.

Voltou os olhos para Rodrigo e desistiu de avisá-lo sobre a figura quando percebeu que o rapaz estava envolvido com a evolução de seu plano teórico para o convencimento de Bárbara. Deixou-o lá, debatendo sobre respeito e a necessidade de subir para conversarem.

Rodrigo, absorto na conversa pelo telefone, não notou que o colega se afastava furtivamente. Caminhava com os olhos voltados para as vitrines das lojas na tentativa de observar, pelo reflexo dos vidros, a distância do carro preto do outro lado da rua.

Era o momento perfeito para acender um rotineiro cigarro e se fazer despercebido entre as pessoas. Amaldiçoou o dia em que decidiu parar de fumar. Também deitou maldizeres por ter esquecido os óculos em cima de sua mesa ou na pia da cozinha. Confiou no instinto antes dos olhos. Embora tudo fosse vulto, não precisou de lentes para enxergar o estranho homem se apressando em entrar no carro.

Seu rápido deambular afastou as dúvidas, tratava--se de uma fuga. Não titubeou para fazer o que mais gostava: sacou a bocuda, deslizando o metal pelo couro com delícia há tempos não sentida.
— Para aê! Polícia!
Maurício não mediu o grito sufocado no peito desde quando nem se lembra mais, clamou tão alto o comando que até os cachorros e seus donos congelaram o movimento. Rodrigo, ainda com o celular no ouvido, reconheceu a voz do indesejado parceiro e pressentiu o pior. Olhou em volta, mas não o encontrou – Porra! – caminhou em direção de onde achava ter vindo o berro e teve sucesso ao avistar Maurício parado no meio da rua, ignorando a trama de carros, com o trinta e oito cromado pendurado na mão direita e a outra espalmada no ar.
— Querido, deixe para mais tarde. Nada pode ser tão ruim que não possa ser conversado amanhã... hoje estou... – Rodrigo desligou o telefone. Sem saber o que deveria ser feito, invadiu a rua para continuar atrás do velho armado que bradava para alguém parar.
Era impossível entender o motivo da truculenta abordagem de Maurício com as parcas informações sentidas até então: o Velho agitado, a arma apontada para um carro grande e escuro estacionado à sua frente, nada mais. Aumentou a velocidade da marcha para o desconhecido, desviando-se dos carros

que estavam parados por causa do medo e do semáforo vermelho da esquina.

— Mandei parar! Quietinho aê! — Maurício conseguiu se exaltar ainda mais, o que fez Rodrigo temer o pior que ainda guardava dentro de si. O sinal esverdeou, dando espaço para os veículos trafegarem, mas nenhum motorista teve a coragem de sequer acelerar o motor.

Em um microssegundo de desatenção com a chegada de Rodrigo, descuidou-se da cautela e perdeu a custódia visual sobre o suspeito.

Aproveitando a desídia do polícia, o homem partiu em desabalada carreira calçada afora, esbarrando em pessoas estáticas, espectadores compulsórios de um espetáculo perigoso.

— Para! Para! Pega ele aê, Rodrigo.

Mostrou com o cano da arma a extensão junto ao muro, num sobrevoo com a mira do revólver que deixou mais desesperados todos que estavam ao redor. Rodrigo relutou dirigir-se para o que não via ainda, mas quando estava a meio caminho da sarjeta, encontrou um homem de casaco cinza cavalgando entre obstáculos humanos. Só podia ser ele.

Levou a mão à cintura, sacou a pistola, mas não a apontou. Manteve a mira baixa ao longo do corpo; identificou-se como polícia e mandou que parasse...

Ignorado pelo brutamontes que crescia a cada passo, tratou então de lhe mostrar as raias da arma. Era tarde.

O vacilo do investigador deu ao homem segurança para flexionar as pernas e, com o impulso da velocidade, saltar com precisão para atingir a sola do sapato no peito de Rodrigo. Sua arma foi cuspida para longe durante o tombo do corpo duro, enquanto via o cavalo aterrissar com exímia habilidade e continuar a correr.

Ao solo, o mundo silenciou e o ar desapareceu. Forçou os músculos do diafragma na tentativa de tragar a lucidez que aos poucos lhe escapava. Veio o incômodo cheiro de intestinos derretidos ao sol escaldante que tanto lhe incomodava. A boca umedeceu mais do que de costume, trazendo à garganta um gosto grosso de ferrugem podre.

Colocou a língua para fora e viu que era sangue de algum canto mordido na boca. Tentou sentar-se. Um agudo incômodo sob a axila esquerda começou a apontar com o menor movimento. Não soube medir quanto tempo até Maurício surgir e lhe guinchar pelo braço. Cedeu a um expressivo gemido de dor ao sentir as agulhadas que se esparramaram rapidamente pelas costas.

— Levanta, porra! Vai pegar o cara...

Não pôde ignorar o sofrimento que crescia a cada inspirada. Levantou-se com a visão turva. Teria partido imediatamente não fosse Maurício o impedir pela camiseta e entregar a ele a arma perdida.

Achou que conseguiria explodir a corrida. Entretanto, seu ímpeto foi derrotado pelo latejar constante que refletia por todo o tórax, até o pescoço. O homem não estava tão distante a ponto de convencê-lo de que não o alcançaria, mesmo com a desvantagem da partida. Prendeu a respiração e mordeu os lábios com toda a força que possuía, imaginando que assim suportaria o mal-estar. Funcionou, conseguiu transferir potência às pernas.

A circulação dos carros que começaram a fugir do local não permitiu que os dois atravessassem para o outro lado da rua, o que era bom para Rodrigo, porque a calçada terminaria em mais algumas dezenas de metros naquele sentido em que corriam, bem no muro do comando do Exército. Era com obstáculo que contava para alcançá-lo.

Repentinamente teve que mudar seus planos. O fugitivo jogou-se na correnteza de veículos, provocando freadas bruscas, barulho de batidas, palavrões e sustos. Rodrigo apressou-se em seu encalço, demonstrando muito mais cuidado para não esbarrar nas pessoas que encontrava pela frente. Não para deixar de incomodá-las, mas para evitar a dor que os esbarrões provocavam em seu peito.

Já o homem parecia correr sozinho, abrindo espaço pelo caminho com os braços e ombros, derrubando senhoras, chutando cachorros... a cada choque a distância entre eles diminuía.

Quando três passos de medida os separavam, Rodrigo finalmente sacou a arma. Previu que apenas mais um esbarrão bastaria para agarrá-lo. E dessa vez não teve dúvidas: atiraria na testa do sujeito ao menor sinal de desrespeito pelo que ordenasse. Atiraria no filho da puta de qualquer jeito.

Mais azarado foi o moleque magro e de óculos. Um esbarrão derrubou a criança na calçada e obrigou o homem a parar. Nesse instante, o fugitivo se deu conta de que estava na mira de uma arma próxima demais. Tão próxima que não valeria o risco de continuar a corrida. Levantou os braços sem se virar para Rodrigo. Ouviu o ferrolho bater com violência sobre o chassi da pistola, armando o cão.

— Mão na cabeça e ajoelha, ladrão! – O grito vindo do meio da rua assustou Rodrigo. Somente nesse momento, quando estava pronto para abordar o estranho, percebeu que também estava sendo seguido e abordado por dois PMs montados em motocicletas e com armas em punho. – Tá surdo, ladrão? Se ajoelha, senão você vai cair para sempre, filho da puta.

Ainda com a arma engatilhada em suas mãos, viu o suspeito virar a esquina e desaparecer enquanto os policiais militares colocavam a moto sobre os cavaletes. A dor aumentava a cada instante, trazendo consigo o insuportável odor de IML. Entrincheirados atrás de carros que pararam em meio à confusão, os PMs não desistiam:

— Abaixa a arma! – Rodrigo não abaixava, mas também não a apontava para ninguém... o fato de não aparentar qualquer vontade de se render os deixava mais nervosos. Qualquer pessoa que assistisse à cena teria certeza de que iriam atirar para matar o rapaz armado. Para sua sorte, Maurício apareceu, cansado, bufando, como se estivesse puxando uma carreta pelos dentes:

— Vocês estão malucos? Aqui é todo mundo polícia! A gente é da casa, caralho...

Agora eram dois os alvos dos policiais militares. Ao ver o colega se aproximando, Rodrigo devolveu sua pistola ao coldre.

— Abaixa a arma. Cadê sua funcional, velho?

— Cadê a sua, meganha? Abaixe a sua primeiro e me mostre seu bolachão. Vocês têm um?

A cena transformou-se em um teatro com caótica marcação de falas. Maurício gritava para os PMs colocarem as armas no chão e, de volta, recebia as mesmas ordens. Talvez ainda não tivesse sido morto por causa de sua aparência cansada e senil, mesmo balançando o revólver no ar com atrevida fúria, vermelho de indignação e dispneia.

Calou-se ao sentir a mão de Rodrigo tocar seu braço armado e ver que ele, em vez da pistola, segurava a carteira com funcional e distintivo. Os PMs acompanharam o silêncio.

— A gente é da Homicídios. Tá tudo em paz...

6. BORZEGUIM

A confusão entre policiais civis e militares ocorrida na Rua Tutoia naquela tarde qualquer de inverno foi um mal-entendido que não valeu a capa de nenhum jornal. Restou a versão de que investigadores, por coincidência, flagraram um homem tentando furtar um carro e, durante a perseguição, policiais militares os confundiram com criminosos. Um equívoco admissível e nada maculoso para a imagem das duas instituições, pois demonstravam estar atentas para manter as ruas limpas.

O tenente da área se convenceu do relatório, já que policiais civis não tinham técnica para abordagens na rua. O delegado suspeitou, mas, como a imprensa deu de ombros por falta de mortos e feridos, passou-lhes um corretivo à distância e depois fingiu que nada aconteceu.

No fim das contas, uma boa oportunidade para Rodrigo tirar dúvidas com os PMs da ronda ostensiva com apoio de motocicletas sobre como sacar armas e abordar suspeitos na rua sem desembarcar da máquina, com o cuidado de não afogar o veículo ou pôr sua vida em risco. Maurício não compartilhou da conversa cordial, descontente por quase ter levado um enquadro dos milicos. Arrependeu-se por não ter tombado pelo menos um deles.

Abandonou o parceiro com nítido desgosto por Rodrigo demonstrar simpatia na conversa com os milicianos. Quando retornou ao local onde estava o carro com o suspeito que haviam perseguido, encontrou a vaga vazia. Teve tempo para ver uma senhora estacionar um Uno amarelo no mesmo lugar.

O telefone de Bárbara já não atendia mais. Desistiram de encontrá-la. Rodrigo não conseguiu concordar com Maurício que sugeriu uma discreta campana em frente ao prédio e abordá-la quando saísse. Perturbava-lhe a obsessão do velho em querer conversar com a menina antes da equipe.

— A gente já tá fodido por causa desse QRU com a PM, moleque. Quando o delegado descobrir que a moça mora na mesma rua que tivemos a zica, vai ligar os fatos. Não custa nada perder umas horinhas aqui nessa noite...

Àquela altura, Rodrigo não sabia se deveria tratá-la como um criminoso que merecia o sacrifício de uma madrugada gelada em um carro ao lado de um velho porco. Era a Bárbara, de sorriso extenso com gosto de café acigarrado, coxas ardentes e rebolado úmido. "Era uma puta, Rodrigo."

Sua aparente insensibilidade não passou despercebida a Maurício. Apesar do aspecto sereno e os movimentos sóbrios, a incômoda abstenção na tomada de atitude lhe era familiar. A melhor puta de São Paulo deixou que ele a beijasse...

Dentro da viatura, enquanto Rodrigo conduzia de volta e discava o celular sem se fazer ouvir por ninguém, o Velho sugeriu que Bárbara estivesse em atendimento, mas não quis parecer que fosse zombaria.

— Ela não atende mais ninguém, Velho. Só o japonês.

— Desde quando?

— Sei lá. Uns três, quatro meses.

— Por isso ela saiu do site... quer dizer, deixou de dar por dinheiro para outras pessoas, mas para você continuou dando de graça... – O silêncio de Rodrigo concordava com a conclusão do parceiro. – Quanto ela recebe dele ao mês?

— Sei lá... – Maurício sorriu, desacreditado da resposta ouvida. – Uma vez ela comentou... Uns vinte mil, mas vai saber se é verdade...

— Vinte paus? Caralho. Se for isso mesmo, até eu viro puta.

Uma boa piada, concordou Rodrigo. Previsível e desrespeitosa, mas vindo da boca mole daquele velho, a graça acabava por estar em seu modo ridículo.

— Fora isso, também recebia presentes. Sempre aparecia com um brinco, um colar caro. Já segurou nas mãos um anel de quinze mil reais, velho? Pois é. O cara deu dois para ela. E um carro. Uma Pajero. Do ano.

— Preta?

— É... – Rodrigo virou-se rapidamente para Maurício e ambos dividiram a mesma revelação contida. O brusco movimento fez a dor do peito saltar ao pescoço, e ele teve que controlar as tomadas de ar. Colocou a mão sob a jaqueta jeans abaixo da axila esquerda para descobrir onde poderia doer tanto. Viu as marcas de barro impressas na camiseta branca pelo calçado do suspeitou que o golpeou.

— Acho que você quebrou alguma costela. Precisava ver sua cara de cu quando caiu.

— A Bárbara só não me recebia quando tinha alguém com ela no apartamento. E hoje não poderia estar com cliente, porque era exclusividade do japonês.

— Uma amiga? Um outro amante talvez?

— Não. Ela morria de medo de sermos descobertos e perder a grana que recebia. E já fui em festinhas com as amigas dela. Não havia problemas em sermos apresentados.

— Festinha com as amigas putas? Que delícia.

— Ela estava com alguém que eu não poderia ver...

— Alguém que deixa um leão de chácara vigiando a entrada do prédio?

O raciocínio era cruel porque deixava Rodrigo em uma desconfortável situação. Toda a história demonstrava o quanto fora imaturo ao ficar tão próximo de Bárbara. Seu ressentimento era agravado pela lembrança de que a mulher que ele comeu durante tanto tempo poderia ser personagem de um crime que lhe passou tão perto e despercebido.

— Você anotou a placa do carro?

— Claro que não. Acha que um velho cego como eu consegue enxergar além do nariz? Eu não vejo meu pau há vinte anos, moleque. Como enxergaria a placa de um carro? Além disso eu estava ocupado tentando salvar sua vida, lembra? Me agradeça por você não ter passado a vergonha de ter morrido por causa de tiro de PM.

Não valia a pena discutir com aquele sarcasmo nem mesmo para esclarecer a história que, certamente, Maurício iria exagerar pelos corredores do DHPP, dizendo que o tira clamou miseravelmente ao gambé para não apanhar mais do que merecia.

A dor que sentia era tão severa que não se opôs ao convite de irem ao apartamento do velho para descansarem. A gélida garoa e a promessa de remédios para costela quebrada o convenceu a acompanhá-lo. "Eu não vou te comer, moleque, fique tranquilo."

O apartamento da Avenida Heitor Penteado era tão velho quanto seu morador. Com surpresa, estava limpo e bem-cuidado, destoando da aparência pervertida de Maurício. A ampla sala com assoalho de madeira exalava cheiro de cera recente. Uma TV gigante de tela fina sobre um móvel robusto guardava troféus e insígnias em forma de armas de fogo e um grande pote com pirulitos coloridos.

— Senta aí. Vou pegar o Tandrilax.

Rodrigo percebeu o tecido macio que compunha o vigoroso sofá. Nada parecido com a poltrona torta que lhe recebia todas as noites, de assento gelado e rasgada nas laterais. Um gato cinza e de rabo pontudo veio lhe dar as boas-vindas.

— Sai, Kojak. Vai meter em outro lugar. – Maurício lhe entregou o remédio e um copo com água, enquanto espantava com a outra mão o pequeno animal do colo de Rodrigo. – Preciso castrar esse gato. Ele só me faz passar vergonha.

Na parede esquerda, porta-retratos pendurados. Um em especial lhe chamou a atenção.

Três homens robustos e orgulhosos de sua juventude rodeavam uma mesa de escritório. Estava certo de que o cabeludo, sentado em uma cadeira abaixo da janela, só poderia ser Maurício, sem a barriga e a cara de bandido que os anos lhe deram. O segundo, ao seu lado, não reconheceu. Mas o terceiro, em pé, com um cigarro na mão, tinha olhos familiares. Era Eduardo, seu amigo.

— Viu ali? É o Edu, quando estávamos no Denarc. O filho da puta estava sempre fumando, lembra? – Passou para o parceiro o tubo de pomada anestésica. Rodrigo achou exagero, mas guardou ao lado para usar mais tarde. – O outro era um safado. Aliás, o antigo dono do seu revólver.

— Por que você mantém na parede a foto do cara que quis te matar?

Maurício gargalhou, pegou uma garrafa de uísque e ofereceu uma dose para Rodrigo. Diante da recusa, encheu uma quantidade e verteu o líquido, sorrindo.

— A polícia é um bando de putas, Rodrigo. Quem olha de fora pensa que estamos fazendo um trabalho importante para a sociedade, mas nós sabemos que o que interessa é o QSJ. Se não fosse pela grana, não haveria delegacias, delegados e tiras. Porque todos... – mais um trago – ... todos nós só nos toleramos por causa de uma coisa: o jotinha. A nossa sorte é que o Edu foi um puta cara, que nos deixou uma madeira antes de morrer. Senão estávamos feito todos os outros, à procura de QRUs rentáveis... para pagar escola de filho, plano de saúde, gasolina do carro... as putas, Rodrigo, só são amigas no dinheiro! Que nem a gente... prendemos, penduramos, sequestramos, matamos, tomamos o quanto for possível, desde que isso nos renda uma grana...

Um barulho de chaves girando as travas da fechadura da porta de entrada os calou.

— Vai passando essa pomada onde dói. Ela é boa.
– Dirigiu-se à porta. Rodrigo não deu bola para a reclamação do velho cansado, preocupado que estava em besuntar seus dedos com o gel mentolado.

Quando a porta se abriu, uma voz feminina enfeitou o ambiente entre as risadas de Maurício. Bianca encontrou Rodrigo na sala, sem camisa e com as costas meladas da pomada:

— Que veadagem é essa, Maurício?

— Eu falei para esse menino que não ia comer o cu dele. Agora você explica para ela, moleque. Eu falei que não queria...

Bianca afogou-se em lágrimas de escárnio diante de um envergonhado Rodrigo. Desconhecia a intimidade do velho com a investigadora; não havia como discordar, a cena era constrangedora. Maurício acompanhou a alegria da moça e lhe serviu uma dose enquanto riam da situação.

— Então você é o polícia que fica dando novidade com a PM, Rodrigo?

Ela explicou que o entrevero daquela tarde tornara-se motivo de chacota entre a tiragem do DHPP. Ninguém sabia por que motivo o velho estafeta saíra com Rodrigo. Talvez para acertarem um bico, ganharem uma grana, muito típico do Maurício...

Comentava-se pelas equipes o azar de terem encontrado um ladrão de carros ao lado do comando do Exército.

— Aposto que você tava levando o Rodrigo para o mau caminho, né, Maurício? Não aguenta ficar longe de rolo. Rodrigo, abra o olho com esse velho. A lorota dele já levou muito polícia para a cadeia...

— Que maldade, Bianca – dizia Maurício entre goles de uísque e risadas pastosas –, esse polícia é cana dura. Fazia tempo que não via alguém com esse sangue no zoio para prender bandido. Saiba que o ladrão o derrubou com um chute no peito e mesmo assim, com a costela quebrada, ele conseguiu alcançá-lo.

— Ladrão? Que ladrão, Maurício? Vocês estavam atrás de um PM, não é? – Mudos, os dois homens pensavam em como desconversar.

— Que PM, Bianca? Tá maluca? – Mesmo bêbado, Maurício tentava disfarçar sua surpresa – Vou te mandar de volta pro RH se começar a me difamar por aí – Rodrigo riu, na tentativa de convencê-la do equívoco.

— O mesmo que deixou essa marca de borzeguim na camiseta do Rodrigo. – Segurou o pano amarrotado da roupa, deixando em destaque o rebuscado desenho da sola do sapato.

— Borde o quê?
— Borzeguim. O coturno que a corporação dá para os PMs usarem. Leia isso aqui. Mais perto, velho cego. Onze mil e quinhentos. É calçado padrão da polícia militar. Do que mais precisa? Só faltou o número da funcional do cara e o brasão do estado...
— Como você sabe que é um bordeguim?
— BORZEGUIM, caralho! Meu pai era policial militar, Rodrigo. Todo dia, quando ele chegava do trabalho, eu tirava suas botas e fazia massagem nos pés dele. Eu posso dizer até a cor do coturno só pelo desenho do solado. Esse modelo não mudou desde a Segunda Guerra Mundial.

Acolhido por uma expressiva confiança, Maurício demorou os lábios em um profundo gole. As pesadas bolsas enrugadas que contornavam seus olhos revelavam felicidade, contrariando as dúvidas estampadas no rosto dos outros policiais; saltou a língua à boca num estalo de satisfação vitoriosa:

— Vejam só... então descobrimos quem estava com sua mina no apartamento, Rodrigo? Aposto que ela sabe o nome dos filhas da puta da escolta – Fechou a garrafa sem pressa; uma delicada paciência que seus dedos não sugeriam ser capaz de aplicar. Antes que os presentes pudessem lançar qualquer pergunta, Maurício encerrou o assunto. – Vamos tomar café para dormir...

7. O PAI DE BÁRBARA ERA PM

A camiseta lambuzada de pomada espalhada pelo corpo de Rodrigo contaminou a casa com cheiro de Halls. Sentado com Bianca à mesa da cozinha, viu Maurício colocar sobre o móvel algo parecido com um pote de vidro transparente envolto em uma estrutura metálica de tampa preta; reservou no micro-ondas uma porção de água mineral.

Do canto do recinto, de dentro do que parecia uma pequena adega climatizada, trouxe outro recipiente prateado. Quando abriu, Rodrigo não teve dúvidas, era café. Cuidadosas colheradas do pó preto dentro do estranho pote sobre a mesa acolheram o ambiente com o aroma característico.

— Aposto que você nunca tomou o café Verona, Rodrigo. O café dos amantes... uma homenagem à história de Romeu e Julieta. — Derramou a água quente no estranho pote, antecipando o sabor da bebida na ebulição dos vapores.

— O cheiro é bom.

— O sabor é melhor ainda – completou Bianca, como se conhecesse aquele ritual com intimidade –, mas para senti-lo ele deve ser feito na prensa francesa.

Rodrigo quis saber o porquê.

— Ela usa filtro de alumínio, por isso preserva o óleo do grão. – explicou Bianca. – Ao contrário do filtro de papel, que retira toda a oleosidade do sabor, a melhor parte do café.

A voz baixa, condizente com o tardar da noite, tornava seus olhos azuis mais intensos. Rodrigo pensou na sorte que aquela mulher teve em ser tão bonita. Veio a desconfortável lembrança dos cafés de Bárbara abandonados na cafeteira elétrica enquanto transavam.

Depois de alguns minutos imersos naquela ansiosa mistura, o velho apertou na tampa da prensa francesa algo parecido com um pistão, para que a pasta negra liberasse sua riqueza com o peso de seus ombros.

Ao servir as xícaras, Rodrigo adiantou-se para levá-la à boca, mas foi interrompido por Maurício.

— Calma. Primeiro tem que sentir o cheiro. O preço desse prazer exige a cerimônia completa. – Ensinou-o a fazer uma pequena cabana com as mãos sobre a xícara, deixando um pequeno orifício para concentrar e canalizar a fumaça. Encaixou o estranho movimento no nariz e pediu que todos inspirassem com demora.

O delicioso silêncio da contemplação impediu que notassem a garoa da noite se intensificar em chuva.

— Sentiu notas de chocolate? Não beba, tenha paciência. Suas narinas ainda estão adormecidas por causa do calor. Assim que elas esfriarem, um caramelo frutado vai aparecer...

Rodrigo achou graça no velho com o nariz enfiado na xícara. O uísque pode ter subido rápido. Era a única explicação que encontrava para vê-lo transformado em apreciador de alguma coisa.

— Beba fazendo barulho de sopa. Isso vai oxigenar as papilas gustativas.

Assobios agudos percorreram a cozinha ladrilhada e deixaram uma ridícula sensação em Rodrigo.

— Viu só. É forte, mas não é amargo. Tem nego que não gosta de acidez. Eu gosto. É esse retrogosto verde que me faz salivar...

— É bom mesmo.

— Esqueça a história de hoje, Rodrigo. Não toque mais nesse assunto e deixe o delegado chegar sozinho na sua menina. Já que ela não quer ser ajudada, o melhor que pode fazer é você se ajudar. Nunca mais tente entrar em contato e, quando lhe perguntarem sobre seu envolvimento com ela, diga o óbvio: era apenas mais um cliente. Ou melhor, um cliente que às vezes não pagava em troca de pequenos gracejos. E deixe que ela se foda sozinha. Todo mundo acredita

no óbvio. Bianca, durma no seu quarto com a porta trancada. Rodrigo vai dormir no sofá. Eu vou dormir.
— Estou preocupado...
— Com você, espero. – Aconselhou Maurício, sem se fazer ouvir – Moleque. A esposa do cara também era GP...
— Como?
— Sim. O cara também conheceu a mina no site MClass. Abandonou a antiga mulher para ficar com a atual esposa.

De nada adiantaria perguntar de onde Maurício tirou aquela informação. Se disse com tanta segurança, era porque tinha certeza de sua procedência. Rodrigo tentou entender a cabeça de um milionário que reiteradamente se apaixona e abandona a família por causa de prostitutas. "Putas que faziam as vezes de esposa..." – Imaginou ser impossível encontrar esposas que satisfaziam seus maridos como se putas fossem... – "Ou é puta ou é esposa, porra!"

— A coisa é bem maior do que pensei. Bárbara está no meio dessa merda e eu não contava isso. Se quiser continuar, continue sozinho, Rodrigo. Eu tô fora. – Arrastou-se pelos corredores, e os que ficaram na cozinha ouviram os pesados passos do velho amassando a madeira do apartamento até surgir o barulho de porta batendo.

O celular sobre a mesa desafiava Rodrigo. Sua vontade de conversar com Bárbara e ter notícias de seu paradeiro travava um duelo nada cavalheiro com a ponderação de Maurício.

Pensou que seria melhor deixar que ela descobrisse a história sozinha, através do delegado. Isto é, caso ela já não soubesse.

A esposa, ao descobrir o caso do marido, poderia ter entrado em contato pra lhe dizer desaforos de mulher traída. Quem sabe já não a conhecia pessoalmente, já que também fora prostituta com anúncios no mesmo site de Bárbara... Foi quando Bianca, ainda ao lado, o fez perder a linha do raciocínio.

— Cara, não entendo – Passou a ponta da língua nos lábios vermelhos tingidos pelo calor do café –, com tanta mulher querendo dar no mundo, por que um homem ainda paga para transar?

A provocação da pergunta não merecia resposta. O silêncio de Rodrigo, contudo, seria pior.

— Não sabia que você e o velho eram tão... amigos.

— Aliás, não entra na minha cabeça por que os homens ainda batem punheta. Por isso não encontro cara nenhum. Não toleraria que ele tocasse uma bronha, sabendo que estou a sua disposição.

Palavras típicas de Maurício, mas que pareciam deslocada quando ditas pela mulher de rosto fino e aristocrático.

— A puta que você tava comendo é a mesma do japa milionário?

— O quê?

— Tem um bisu na F-Sul de que um empresário fugiu com a amante ou foi morto por PMs de sua escolta. Já saiu até comentários maldosos no blog *Flitparalisant*. E hoje você tomou uma surra de um policial militar à paisana... não pode mais falar com sua namoradinha GP... – Levou a xícara com as duas mãos à boca, esperando que o investigador concluísse a reticente especulação.

A hesitação silenciosa do homem fez o azul dos olhos de Bianca acenderam um sinal de vitória. Sorriu devagar, sem piedade.

— O Velho era namorado da minha mãe – Interrompeu o embaraço da conversa. – Tornou-se a boneca de louça que todos esperavam que fosse – acompanhando o sorriso de Rodrigo, duvidoso da descoberta.

— Sério, porra! Eles eram namorados. Mas aí minha mãe o abandonou pelo capitão, meu pai.

— O PM?

Bianca esticou o braço para alcançar a prensa francesa sobre a mesa. Deixou o cabelo balançar um perfume de mulher, que nada fazia lembrar os modos rudes da investigadora.

— Sim. Eles se casaram, mas o velho era doido por minha mãe. Tanto fez que a convenceu abandonar o casamento. Ficaram uns três meses juntos.

Serviu-se de mais um xícara de café e pôs outra dose para Rodrigo sem que ele pedisse.

— Mas quem aguenta morar com esse velho porco? Quando mamãe voltou para o capitão, descobriu que estava grávida. Meu pai ficou puto com isso... disse que mataria todos, inclusive eu. Para piorar, o velho não dava paz, dizendo-se o pai biológico, que me assumiria... a dúvida só se desfez quando nasci, assim, pálida, loira, de olhos azuis e a cara do PM.

— E o Velho sumiu?

— Fisicamente, sim. Mandava presentes no meu aniversário e no Natal. Minha mãe dizia que era do Papai Noel. Acho que o capitão ficou com tanto remorso por causa das ameaças que fez para nós que tolerava os agrados anônimos do Velho. Vai entender...

Conversava com a xícara próxima dos lábios para aproveitar melhor o calor.

— O capitão era gente boa. Muito honesto, trabalhador. Chato, sim. Mas justo e legalista. Do tipo que não aceitava meio-termo. Para ele, era certo ou errado! Uma vez prendeu seu pelotão inteiro porque suspeitou que alguns dos PMs estavam envolvidos com o PCC... Um metro e noventa e quatro de altura. Rosto ossudo, dentes que pareciam placas de metal. Quando a gente treinava judô, o peso dele era tanto que era impossível tirá-lo de cima de mim... só tombou com cinco tiros de quarenta e cinco. E um na nuca, se não teria levado alguém com ele.

— Morreu em ocorrência?
— Não. Fazendo *cooper* na rua. Dois caras de moto apareceram e fizeram ele. Pra mim foi coisa de PM... e então o velho apareceu. Minha mãe demorou três anos para receber a pensão e o seguro. Não queriam pagar, alegavam que a morte não tinha sido em serviço. O velho arrumou um advogado e nos ajudava com grana. Acabei por me acostumar com ele em casa, suas piadas sujas, a risada desengonçada...

Das coisas ditas naquela noite, Rodrigo só assimilou o mais notável: Maurício apaixonado pela esposa de um PM. Não um praça qualquer, mas um capitão, assassinado sem motivo aparente. Imaginou como teria sido a reação do velho ao ler o BO do homicídio no DHPP.

— Você mora aqui, com o velho?
— Não. Só venho para cá às vezes para cuidar dele, ou para que ele cuide de mim. Eu que o convenci a comprar todos esses móveis, deixar que uma mulher limpe a casa e faça comida. Foi a condição que impus para visitá-lo. Se deixasse do jeito dele, isso aqui federia tanto quanto aquela salinha dele no DHPP.

Comentaram com gracejos o péssimo estado do ambiente de trabalho de Maurício e, quando se deram conta, estavam se olhando com reciprocidade íntima. Bianca entendeu que era preciso ser rápida.

— Não faço ideia de que merda você e o Velho estão envolvidos, mas, se ele disse para esquecer, confie nele. Falando nisso, eu acabei me esquecendo de dizer a ele que amanhã volto para o RH.

Calaram-se porque era o fim da conversa. Finalmente, Rodrigo ouviu a chuva despencar com violência, soprando uma gelada brisa pelas frestas da janela fechada. O velho tinha razão, dormir no sofá seria menos ruim do que enfrentar São Paulo à noite com trânsito de tempestade fria.

Era melhor ficar por ali. Assistir à Bianca morder os lábios e subir as pernas para abraçá-las sobre a cadeira, num movimento tão elástico que era impossível não percorrer com os olhos, sorrateiramente, o abismo entre suas coxas unidas. Sentiu-se mais livre para observar os detalhes das curvas quando ela deitou o rosto nos joelhos, para o lado oposto, longe da vigília de Rodrigo.

Por um momento temeu que estivesse na iminência do perturbador silêncio que cobra uma atitude proativa. Mais fácil seria a sinceridade: "Bianca, só quero te comer e vê-la gozar sorrindo".

Chegaram a ficar por algum tempo – Rodrigo não podia dizer quanto – inteiramente calados. O rumor único e escasso eram os golpes da água na janela, que despertou Bianca daquela espécie de sonolência.

— Vou dormir. – E com o mesmo balanço que conduzia seu caminhar, desfez as pernas ao chão e foi embora, deixando um suave rastro de perfume. Não se ouviu passos na madeira, o que fez Rodrigo imaginar que ela flutuou até sua cama.

Resolveu seguir o cheiro até a porta do quarto da mulher, que encontrou entreaberta. A luz acesa parecia um convite para entrar. Ouviu barulhos de gavetas deslizando no móvel, portas de armários se abrindo, o som da cama recebendo seu corpo. A incursão seria simples: sentar-se ao seu lado, perguntar o que estava fazendo enquanto acariciava seu corpo sobre as cobertas. A seguir, a abordagem padrão em pessoas que estão sabidamente armadas.

Cessou a invasão quando ouviu roncos no fim do corredor. Caminhou até o quarto aceso e, a meio corpo da porta aberta, viu Maurício dormindo sentado em frente a um computador ligado, com a cabeça lançada para trás. A idade o fez perder a resistência com a bebida. Apagou a luz e fechou a porta.

Ignorou o quarto de Bianca acordada enquanto retornava. Apagou todas as luzes do apartamento, deitou-se no sofá. Sonhou ser um empresário milionário que poderia comer a mulher que quisesse.

8. GRITAR POR DENTRO

— Cadê o velho?

A voz tensa ecoando pela casa fez Rodrigo despertar confuso, como se acordasse para atender uma ocorrência na madrugada de um plantão. Precisou de alguns segundos até ver que Bianca caminhava com preocupação enquanto discava o telefone. Lançava palavrões como se fossem preces a algum santo maldito.

Rodrigo levantou-se como pôde, pegou sua carteira e sua pistola, mas não encontrou o revólver trinta e oito que deixara no chão sob sua cabeça, ao lado do sofá, antes de se deitar. Tinha sumido junto com o Velho.

Tentou aparentar que não estava preocupado com a falta da arma, o que certamente deixaria Bianca mais aflita. Um velho doido, que desconhecia as consequências de seus atos impensados.

Na foto da parede, o primeiro dono do buldoguinho parecia mais feliz.

— Tem alguma coisa a ver com aquele QRU de vocês ontem à tarde na Tutoia, não é? Fala, caralho! Não se faça de surdo.

Os dedos finos de Bianca eram agulhas perfurando o antebraço perdido do investigador. Agradeceu quando notou que ela começou a chorar, pois só assim soube como deveria reagir:

— Calma, Bianca, – libertou-se do agarrão com delicadeza – ele está por aí. Só deve estar cansado e com vergonha da merda de ontem. Levou alguma roupa?

— Não sei, não vi.

Rodrigo pediu que fosse à cozinha tomar água enquanto verificaria o quarto, como se fosse possível descobrir o paradeiro apenas invadindo a privacidade de Maurício. Não era bem o que tinha em mente, mas serviu para que ela se acalmasse e pudesse desmontar a indigna cena de vítima sofredora que abatia a moça. Conseguiu o tempo que precisava para colocar os fatos em ordem e tomar uma atitude coerente.

Era possível sentir o odor amargo de Maurício no escuro do quarto. Na penumbra, viu a cama desarrumada, iluminada pela tela do computador ligado. Um convite irrecusável para então ver uma cena que já conhecia: o mesmo vídeo gravado pelo detetive que fora contratado pela esposa do empresário desaparecido.

As idênticas cenas de trânsito, ruas, pessoas, carros. Adiantou e retrocedeu a gravação inúmeras vezes, na esperança de encontrar alguma justificativa para o desaparecimento de Maurício.

Viu Bárbara, o japonês... o restaurante, o hotel... a ideia de um complexa conspiração entre pessoas aparentemente sem relação era, ao mesmo tempo, ridícula e atraente. Deveria ficar somente dentro de sua cabeça enquanto não houvesse o mínimo de coerência lógica nos fatos desconexos.

— A Neide do Cepol disse que o velho esteve por lá no fim da madrugada pesquisando placas de carro – disse Bianca ao entrar no quarto com o telefone na mão. Resolveu abrir a janela.

— Que placas? – respondeu Rodrigo, sem tirar os olhos da tela e os dedos do mouse.

— Duas deram negativo. Não existiam. A outra era de uma Hilux.

— Preta?

— Não perguntei. Mas era VTR... patrimônio da Secretaria de Segurança Pública. – Rodrigo conhecia o banco de dados de veículos do estado, e a informação sobre a cor quase nunca era disponível, o que dificultava saber se estava pintada com as cores da Polícia Militar, da Polícia Civil, ou se era descaracterizada, própria para o serviço de investigação. Perguntou apenas para arriscar a sorte.

— PM?

— Não dá para saber. Só disse que a carga é da casa civil: eco, eco, fox... quinto, sexto...

— Quinto, nono?

— Sim. Como sabia?

Quando avançou sobre os ombros de Rodrigo, Bianca viu a imagem congelada de um carro escuro e grande no monitor. Apesar da péssima qualidade da cena, com esforço, confirmou pela placa ser aquele o veículo procurado por Maurício momentos antes.

Bianca sabia que deveria dizer algo, entretanto, nenhuma dedução lhe ocorria. Aprendeu com os dois pais policiais que não saber certas coisas sobre seus trabalhos era, além de seguro, a melhor maneira de não importuná-los para não acabar falando coisas que não queriam. Descobriu, ao longo dos anos, que as interrupções de silêncio na pessoa dizia muito mais do que ela poderia informar em gestos ou palavras.

— Vá com o carro dele. O Maurício foi embora com a viatura.

Já que não encontrava meios de agir, esse era um momento que Bianca já conhecia, quando deveria calar-se e gritar por dentro, torcendo para não sucumbir ao choro na frente de outras pessoas.

9. POLÍCIA É UMA PINGA

Não. Nunca.

Rodrigo temia que a história do desaparecimento do empresário se transformasse em um emaranhado de fatos impossíveis de serem esclarecidos antes que algum delegado pedisse sua prisão. Por isso, encontrar Maurício rapidamente fazia-se necessário. Era perigoso deixar o velho solto por aí.

Cogitou se não seria melhor conversar com o tira responsável pela investigação do caso, explicar o mal-entendido, seu envolvimento superficial com a amante do japonês e deixar o Velho afundar sozinho. Mas isso não impediria que fosse tomado por criminoso, caso Maurício agisse de maneira impensada.

Pouco antes das oito horas da manhã, descia a Avenida Ipiranga com o carro particular de Maurício, já que o tira desaparecera com a viatura Santana. Apesar de velho, o carro ainda era uma viatura descaracterizada e poderia oferecer regalias no trânsito impossíveis aos carros comuns.

Tentou encontrar uma vaga para estacioná-lo. O asfalto ainda úmido da chuva noturna acentuava o cinza sujo dos prédios podres, deixando a cidade mais feia do que era normalmente. Teve sorte, pois naquele dia um amigo estava de serviço em um estacionamento ali perto, confiando a ele as chaves do carro.

Pessoas caminhavam apressadas e duas Blazers da PM rasgavam o trânsito com suas sirenes. A agência dos Correios ainda não estava aberta, mas duas mulheres prostradas em frente à porta do estabelecimento mostravam-se impacientes.

No imóvel ao lado, "a casa de todas as casas", a Love Story, era o fim de noite de putas e policiais, e celebridades em busca de confusão divertida, desde que a mídia não ficasse sabendo.

Rodrigo já frequentara o lugar com mais assiduidade, até a ocasião em que quebrou todos os dentes de um sujeito no banheiro. Um dos seguranças, seu conhecido e policial militar, recomendou que não aparecesse por uns tempos até que todos se esquecessem do ocorrido. Nesse período, sentiu falta das meninas e do gosto da vodca ruim, mas acabou ficando com preguiça de retornar.

Evitou pisar na água suja que escorria do interior do prédio para a calçada, empurrou a grade e disse bom-dia à faxineira, que o ignorou. Ganhou o salão que ainda fedia a cigarro e, ao fundo, sentado sozinho no balcão do bar, avistou Cidinho, terminando um copo de café.

Rodrigo foi recebido com surpresa e um aperto de mão. Perguntou como tinha sido a noite:

— A mesma coisa de sempre: puta, bêbados, confusão. — Cidinho explicou que retornaria ao serviço na PM ainda naquele dia, por isso não teria como descansar, apesar da função na corporação não exigir a vigilante cautela de um policial. Atualmente, só fazia trabalho interno, cuidando dos documentos das viaturas em uma repartição dentro da Secretaria de Segurança Pública, mas não porque gostasse que fosse assim.

Há alguns anos fora preso acusado de executar três suspeitos de tráficos de drogas. Um dos mortos estava envolvido com a filha de um deputado, mas isso não foi suficiente para impedir o desenrolar da investigação no DHPP. Era grato a Rodrigo por sua absolvição, pois fora ele quem atendera o local e deixara de encontrar as cápsulas deflagradas de sua arma espalhadas pelo chão, uma atitude que ganhou o respeito dos poucos amigos de Cidinho.

Quando livre, seu novo comandante achou mais seguro mantê-lo longe das ruas e das pessoas. O deputado retribuiu a solução que o PM encontrou para seu problema familiar com o confortável trabalho de gabinete. Sentia falta das abordagens e das biqueiras, mas não havia o que fazer. Pelo menos não lhe tiraram a arma.

— Você já trabalhou no Palácio dos Bandeirantes, não foi?

Era uma pergunta perigosa, porque dispensável. Rodrigo já sabia a resposta, então era óbvio que ele pretendia descobrir outra coisa, que envolvia a residência do governador. Não era preciso responder.

— Conheceu alguém da Casa Civil?

— Eu era o sentinela da portaria. Só via carros. Qual a merda, Rodrigo?

Se quisesse ouvir, teria que falar. Confiou a Cidinho a história de que policiais militares da segurança pessoal de um empresário poderiam tê-lo sequestrado. E que, por um acaso, descobriu o carro que usavam, uma viatura fria, lotada na Casa Civil.

— E por que você acha que são PMs? Poderia ser qualquer um que trabalha no Palácio. Até um investigador.

Para convencê-lo, Rodrigo contou a história do dia anterior. Quando mostrou a marca do solado do sapato desenhado com barro em sua camiseta, Cidinho não segurou a risada.

— O tira que estava comigo sumiu. Tenho certeza de que o filho da puta quer derrubar o serviço sozinho, e com isso vai acabar me prendendo.

Viu o aspecto de dúvida no rosto de Cidinho, tentando descobrir como Rodrigo poderia estar envolvido naquilo a ponto de temer ser preso. Bastou ouvir o nome de Bárbara para lembrar-se da linda menina que o acompanhou em algumas noites de farra na Love Story. Polícia e prostituta nunca são uma parceria segura.

— E você quase matou um cara no banheiro daqui por causa dessa mulher, Rodrigo? Uns meses no xadrez não seriam ruim pra ti...

Sentiu a vergonha de Rodrigo como se fosse a sua. Um polícia só poderia ficar abalado com uma brincadeira sobre cadeia se a hipótese tivesse uma terrível verossimilhança.

— Rodrigo, eu fui preso provisório durante um ano e sete meses no Romão Gomes. Sem sentença, só com o indiciamento do delegado. Sabe o que me deixou mais puto nisso tudo? Eu tinha orgulho de fazer o que fazia, tinha orgulho da farda que vestia... mas na cadeia só conheci polícia preso por roubo, latrocínio, sequestro... Nego ria de mim porque me fodi querendo ajudar essa porra de mundo. Acha que esses filhos da puta de hoje querem alguma coisa além de dinheiro? Essa polícia acabou, Rodrigo, mas ainda não inventaram nada para colocar no lugar.

Rodrigo errou ao esperar a ajuda de Cidinho. Um homem cansado da farda, que conhecia muito bem o destino de policiais inconsequentes e solitários. A cadeia, para quem deveria prender, era um castigo pior do que a morte.

Depois de concluir que todos os homens armados eram loucos, Cidinho convidou Rodrigo para sair dali e tomar café num lugar menos fedorento antes de começar o expediente na polícia, tudo seria muito rápido, porque não queria se atrasar. O amigo relutou, com receio de que pudesse perder um tempo precioso. Não acreditou na promessa que não demorariam mais do que meia hora.

— Porra, Rodrigo. Só quero uma carona até a Secretaria. Odeio ter que pegar metrô e andar pelo centro fardado.

Sem saber exatamente o que deveria fazer para encontrar Maurício, acabou por concordar em levá-lo até o prédio da Secretaria de Segurança Pública, não muito longe dali. Se o trânsito ajudasse, não levaria mais do que vinte minutos.

Já com a farda e de cabelos lavados, as olheiras de Cidinho não escondiam o cansaço do bico feito durante a madrugada. Não tomou banho, mas o forte cheiro de desodorante o transformou em um homem de aparência asseada. Rodrigo preferiu cortar caminho pelas estreitas ruas do centro, arriscando que nesse horário não estariam entupidas por ônibus. Muita sorte, disse Cidinho quando chegaram ao Viaduto do Chá em menos de dez minutos.

Parados no semáforo em frente ao prédio da Prefeitura, o PM fixou os olhos nas figuras quadradas sobre suas enormes portas, quadros de cimento que lembravam engrenagens, tornos e dispositivos de mecânica pesada. Na calçada, mendigos, camelôs e transeuntes apressados, em uma massa uniforme de gente e veículos.

Sentiu um fugaz sentimento de saudade ao ver a base da polícia militar fincada ao lado, na esquina do inabalável prédio, com três policiais, provavelmente em conversas de começo de serviço.

— Essa polícia é uma pinga. Daquelas cachaças baratas que na ressaca faz a gente cagar até o cérebro.

Nove e cinco no relógio de Rodrigo quando estacionou em frente ao prédio da Secretaria. Lugar proibido para os carros comuns pararem, mas a visão de um policial militar desembarcando do veículo afastou a intenção de multa do policial que fazia a sentinela da entrada.

Antes de se despedir completamente, agradeceu a gentileza:

— Rodrigo, a Secretaria só tem três viaturas Hilux pretas. Elas estão registradas na Casa Civil, mas todas em carga para o gabinete do secretário – disse com meio corpo dentro do carro enquanto segurava a mão do amigo como cumprimento de adeus. – A que você procura é aquela ali.

Um homem com a farda da PM jogou ao vento uma bituca de cigarro enquanto descia do carro negro deixado na praça do outro lado da rua que servia de estacionamento das autoridades. Mesmo ao longe, confirmou as inscrições na placa, as mesmas do vídeo gravado pelo detetive. A maneira de andar do homem denunciou ser o mesmo que lhe derrubara na tarde passada. Assim que se aproximou de onde Rodrigo estava, não teve dúvidas: era o mesmo olhar.

Teve medo de ser reconhecido, mas confiou na qualidade da película escura aderida ao vidro do carro de Maurício. Com as passadas mais tranquilas do que a corrida de antes, o homem deixou aparente seu rosto jovem, não mais que trinta, nariz fino e queixo largo, equilibrado pelas orelhas em asas. O boné cinza nas mãos ainda não escondia o ralo cabelo castanho raspado à máquina.

Cidinho mostrou estar mais à vontade. Já completamente em pé na calçada, arrumava a cobertura em um gesto de elegância, um movimento para arrematar a plenitude do fardamento. Encarou o desconhecido policial com a autoridade que sabia impor.

— Tenente – Cidinho cumpriu a protocolar continência do suspeito com a cortesia hierárquica exigida. Sua passagem pela cadeia não era suficiente para autorizar a quebra da legalidade, que obriga os subordinados a prestarem a típica saudação militar aos de maior patente.

— É o cara, Cidinho. Quem é ele?

— É oficial, mas estava sem a plaqueta de identificação. Você deu sorte, é um cliente assíduo da Love Story. Eu te devo uma, não é? Façamos o seguinte: você aparece hoje por lá. Vamos ver o que conseguimos.

Que escolha teria Rodrigo? Entre invadir o prédio da Secretaria de Segurança Pública do Estado ou aguardar a madrugada para pôr a mão no policial que o agrediu, a última hipótese parecia a mais sensata. Até lá, pensou, quem sabe, Maurício não resolve aparecer. Ele iria adorar uma noite entre as putas.

— Troque essa roupa imunda e descanse, Rodrigo. E se trouxer as minhas cápsulas que pegou naquela biqueira, eu te dou outra para sua coleção, ainda quente da pólvora.

10. REZE PARA MORRER COM O PRIMEIRO TIRO

Fosse outra época, Rodrigo estaria afundado no sofá de algum canto do salão, regado à bebida forte e contando mentiras de cadeia para acariciar o colo de alguma menina. Não nas duas últimas noites.

Às quatro da manhã, as meninas começam a chegar, trazendo consigo os restos de uma noite de trabalho. A casa não era o melhor ponto da cidade para conseguir clientes; com sorte, um programa de valor razoável ou abraço forte para descansarem, que pelo menos lhes pagassem uma bebida. Todas tinham algum motivo para se desovar ali. Menos a loira em pé no canto escuro, esperando sozinha o dia amanhecer.

A Love Story, seu lugar preferido para se divertir na noite paulistana, transformara-se num buraco de pessoas barulhentas e tristes, onde não se fazia nada além de aguardar a chegada do policial militar que – tinha quase certeza disso –, era integrante da escolta do empresário japonês amante de...

Deveria ser a duvidosa marca da última cerveja, o martelar da música, o telefone desligado de Bárbara ou a chuva fria que insistia em não terminar. O fato é que sua fixação pelo PM o fez esquecer a gravidade do sumiço de Maurício. Mais do que esclarecer o paradeiro do Velho, as cascas de sangue na pele escoriada de peito latejavam forte em seu orgulho.

Cidinho garantiu:

— Quem gosta da putaria não perde a chance de visitá-la... Paciência, rapaz. Ele é o tipo de cara que se fode porque não consegue evitar a putaria.

O fracasso da campana na madrugada anterior frustrou, mas não impediu que Rodrigo retornasse. Para si, com muita vergonha, queria ver Bárbara dançando novamente naquele salão, espremida em seu minúsculo vestido vermelho. Apenas ouvir sua voz já serviria para suportar a espera.

Mas ainda na noite passada, quem ligou, porém, foi Bianca.

— Onde você está? – Quase não ouviu a resposta de Rodrigo em meio à música alta.

— Procurando o velho, já te falei.

— Na balada, caralho? Tu é um bosta mesmo... – O brusco desligar deixou Rodrigo com vontade de arremessar o aparelho no chão.

Dessa vez, para parecer menos patético, caminhou pelas laterais com um copo de algo nas mãos, na tentativa de encontrar alguém que ainda não tinha visto no local. Mesmo que não tivesse fixado o rosto do PM suspeito de ter sequestrado o empresário japonês, Cidinho, na portaria, comprometera-se a avisá-lo caso o avistasse.

Era sua noite de plantão no DHPP, mas avisara ao delegado uma indisposição para se apresentar ao serviço. Foi obrigado ouvir uma troça sobre o chute na bunda que levou do ladrão de carros. Cidinho percebeu que Rodrigo não parecia confortável como sentinela:

— Cidinho, me dá o nome do cara. Vou buscar ele na casa dele.

— Pegar o sujeito na rua, maluco? Cheio de viaturas no apoio do ladrão? Pode ir. Só reze para morrer no primeiro tiro. Assim não sofrerá.

Pediu uma cerveja ao barman e um cigarro à morena sentada ao seu lado no balcão. Perguntou como tinha sido a noite, ela disse tranquila, sem novidades.

— Com o que você trabalha?

— Faço eventos, e você? – A poeira de sua maquiagem não escondia o cansaço da aparência. Sentada, a minúscula saia de couro preta parecia menor com o dobrar das pernas, deixando à mostra o delicado detalhe em renda do topo da meia de náilon.

Toca o celular, era Cidinho. Ignorou a mulher ao lado ao atender com pressa. Colou o ouvido no aparelho para não perder as frases.

— Chegou, Rodrigo. Chegou. Jaqueta verde. Tá indo para o banheiro... – Caminhou impacientemente vasculhando o local em volta, sem avistar o homem procurado. Viu Cidinho se aproximando no meio dos bêbados.

— Ele tá aí dentro. Já entrou. Veio sozinho, não te falei? Vai... eu não deixo ninguém entrar, mas traga ele na algema... aí levamos para a salinha...

Cidinho abriu a porta do ambiente que precedia os banheiros. Uma pia ao longo de toda a parede espelhada no lado esquerdo; do outro lado, duas entradas: as placas com esfinges femininas e masculinas sobre os portais de mármore indicavam quem deveria frequentá-las, quase nunca respeitadas. Lugar para encontros furtivos entre os clientes mais afoitos. Ouviu Cidinho do lado de fora avisando alguém que o banheiro estava interditado.

No mictório masculino, uma figura de costas para a entrada mijava no vaso colado à parede. De perto não parecia a pessoa que Rodrigo procurava... jaqueta marrom... imaginou que Cidinho pudesse ter se enganado. Aproximou-se com cautela, abaixou o zíper da calça e se pôs ao lado, como se também quisesse urinar.

Pelo canto do olho, percebeu que seu vizinho de privada dormia em pé, e só não despencava porque tinha a mão esquerda escorada na parede. Barba rala e queixo redondo. Definitivamente, não era o PM que lhe acertara o peito com um chute.

Seus pensamentos foram interrompidos pelo súbito despertar do bêbado. Quando o sujeito percebeu que seu momento de íntima solidão fisiológica era assistido com perigosa proximidade por um rapaz estranho, tratou de guardar o pinto na calça e foi embora sem lavar as mãos.

Mirando ladrilhos, um longo bocejo convenceu Rodrigo a ir embora. E teria ido não fosse a porta de um dos boxes se abrir de repente e ver sair em passos incertos o PM procurado. Seguiu o barulho de seu corpo parar diante da pia e abrir a torneira. Não poderia titubear. Jaqueta verde, vejam só.

Ao passar pelas costas do homem e encará-lo pelo reflexo do espelho, todas as dúvidas se desfizeram. O mesmo rosto quadrado de ossos salientes. Levou a mão à cintura para conferir se o cão da pistola estava desarmado, levantou a camiseta e, a poucos segundos de sacá-la, Bianca, de saia curta e blusa decotada, invadiu o pequeno banheiro com gritos de terror:

— Mão na cabeça, filho da puta!

O homem não teve tempo de obedecê-la. Antes que pudesse entender por que uma loira vestida de puta estava lhe dando cana, Bianca espetou-lhe o cano da arma na testa feito uma lança, sujando o aço com sangue de PM.

11. UM BANHEIRO E TRÊS POLÍCIAS

Um banheiro e três polícias.

Embalado pela pancada da arma na testa do PM, Rodrigo o agarrou pelo colarinho da jaqueta. Com um golpe no saco, o homem gemeu, relaxou as pernas e deixou que o curvasse seu peito sobre a pia.

— Eu sou da casa, caralho. Vocês estão malucos?

— Cala a boca, arrombado! – Com os braços algemados para trás, o homem buscava os policiais com pequenos coices no vazio. Estivesse sóbrio, teria lhes acertado com a força que Rodrigo conhecia tão bem. Nem dominado sua valentia o abandonava.

Ambos tentavam entender de onde Bianca tinha surgido. Com tanta crueldade, poderiam deduzir do inferno, não fosse pelo humano detalhe da bolsa pendurada ao ombro. Refazendo seus passos, Rodrigo lembrou-se do banheiro feminino contíguo.

Fora mais rápido do que ele e Cidinho. E mais afoita do que qualquer outro policial que já tinha visto na operação de abordagem. Uma violenta chegada, sem dúvida. Sabia impor o terror não pela força – quase inexistente em sua aparência feminina –, mas pela loucura de seus gestos. Juntamente com os gritos, gotas de saliva saltavam de sua boca com raiva, enquanto batia com a coronha no coco da cabeça do infeliz para que se calasse.

Temendo não saber até onde a mulher seria capaz de ir, o PM deixou que terminassem o humilhante ritual.

— Sua casa caiu, maluco. Acabou! – Não há muito que fazer quando se está algemado e uma ponto quarenta pressiona sua nuca. A resignação silenciosa era a maneira mais fácil de sair daquele momento com alguma dignidade.

Sob a vigilância destemperada de Bianca, Rodrigo alisou a cintura do homem e encontrou uma trezentos e oitenta – números ilegíveis, conferiu sem esconder o sorriso.

— Raspada, polícia? Nem precisei trazer uma arma fria para plantar no seu flagrante? Que bom! Assim não gasto vela à toa?

— Vocês são P2? São da corregedoria?

Durante o passeio pelo corpo do policial, encontrou celular e documentos. Otávio. Otávio Veron. Tenente Otávio Veron, caguetava a funcional.

— Meu, vocês estão malucos... não sabem a merda que estão fazendo. – O sangue quente escorria da cabeça para arder seus olhos.

Um banheiro, três polícias e uma arma raspada. Na avaliação de Rodrigo, não haveria cenário mais propício para esclarecer o desaparecimento do empresário japonês e o paradeiro de Maurício. Quanto a Bianca, parecia que sua felicidade só estaria completa quando estourasse os miolos do PM dobrado sobre a pia.

— Preste atenção, Otávio. Olha o que faremos – disse Rodrigo didaticamente, chamando-o pelo nome para ter certeza de sua atenção. – Vou te apresentar no DHPP com essa arma. Enquanto você é preso, pode ligar para quem quiser... – Tentou segurá-lo pelo cabelo da nuca, mas o corte militar só lhe permitiu agarrar o pescoço. Bianca não ouvia. Segurava firme suas intenções com as duas mãos, apontadas para a cabeça do policial militar.

— Não vou para lugar nenhum. Dá meu celular que resolvemos isso agora.

— Ou então você me dá a história do japonês.

— Japonês? – Rodrigo reiterou sua pergunta dando-lhe socos na cabeça. Não era para machucar, apenas para que se lembrasse: desviar o foco da conversa seria pior. Os respingos de sangue salpicaram a pia de vermelho.

— Ele não quis pagar o preço da filmagem?

— Eu não tô nesse QRU, porra! – A voz pastosa da bebida parecia entonar um patético desespero.

— A arma é sua. Um flagrante de porte ilegal de arma é suficiente para te expulsar da PM. E se rastrearmos todas as ligações do seu radinho, você nunca mais vai sair da cadeia.

— Eu vou te fazer agora, filho da puta. – O cano da arma de Bianca encontrou os dentes do policial. Tangeu a língua e conseguiu acomodar-se em algum canto de sua boca sem resistência, por causa da bebida, pensou Rodrigo.

Como ninguém consegue falar com uma pistola na garganta, Rodrigo discretamente afastou o braço da descontrolada mulher. A vontade de interrogá-la sobre como chegou até ali só era menor que o medo de vê-la atirando. – Você não vai para o DH porque eu vou te matar, tá ouvindo? Na Homicídios você só entra se for como podrão.

— Ele não quis pagar a filmagem?

— Não é nada disso. O japa tava de boa...

A primeira frase da confissão tem sabor de orgasmo. Rodrigo esperou que continuasse, mas o silêncio obrigou nova intervenção.

— Você fazia a escolta dele...

— Fazia.

— Vocês pegaram o vídeo do cara saindo com a prostituta...

— Pegamos.

— E aí?

— E aí é isso.
— Cadê o japonês?
— Não sei. Não sei mesmo... então é por isso que estão aqui?

Quando Rodrigo percebeu, Bianca o encarava como se perguntasse o que iriam fazer com os pedaços de informações que tinham conseguido. A palavra de um bêbado que sangrava algemado sobre a mira de duas armas, uma delas com o cão engatilhado, nas mãos de uma mulher enlouquecida. Acalme-se, Rodrigo...

A noite rendeu, mas não seria no banheiro de um puteiro que o caso seria encerrado. O suspeito já estava dominado e, pelo menos, um flagrante de porte ilegal de arma (raspada, que fique bem claro) arredondaria sua versão dos fatos. Assim que Maurício descobrisse a prisão do PM, certamente retornaria.

— Vamos pro DH. Lá conversamos com mais calma...

Ajeitou o corpo do policial e permitiu que esticasse o tronco, completamente em pé. Ia perguntar se não queria jogar uma água no rosto para limpar o sangue – porque não era elegante apresentá-lo daquela forma ao delegado –, mas a prudência o lembrou de terminar a revista.

De costas, o homem sentiu toques firmes no ainda dolorido saco. Mãos rápidas percorreram suas coxas. Na canela direita, um coldre. Dentro dele, um revólver cano curto, trinta e oito, preto. Rodrigo precisou olhar a numeração por mais de uma vez para ter certeza: era o mesmo que tinha sido seu e que fora levado por Maurício na noite em que o velho investigador sumiu.

— Que porra é essa, maluco?

— Meu back-up, ué... – A cara de pau do PM embrulhou seu estômago com o gosto fedorento de cadáver. Pelo colarinho da jaqueta, trouxe o rosto do homem mais perto do revólver para que visse bem.

— Seu back-up? Seu back-up? – O policial militar era muito bom de conversa, quase um estelionatário. Impressionava sua convicção ao dizer que sempre fora o dono da arma.

Bianca não compreendeu a ira de Rodrigo vir à tona por causa do pequeno revólver, mas gostou quando ele afundou a testa no nariz do PM, fazendo-o desabar no azulejo úmido. – Cadê o velho, filho da puta?

Por ter ouvido como resposta um óbvio "que velho?", Rodrigo concentrou todo o peso de seu corpo na sola do sapato, despencando com fúria sobre o homem que sangrava na algema.

Satisfeito com três chutes, o recompôs de pé. Maior do que Rodrigo, só conseguiu sustentá-lo naquela posição com o apoio da parede.

— Onde conseguiu esse revólver?

— Ele é meu. Já falei...

— Seu o caralho. Era do velho. Cadê o velho?...

Piscava os olhos de sangue, agora inchados dos golpes. Tossia grosso, como se preparasse o vômito de uma interminável ressaca. O forte hálito açucarado de álcool escapava de todos os seus orifícios que ainda não estavam entupidos pelo espesso vermelho.

Respirou profundamente para não cair. Finalmente conseguiu enxergar o rosto do tira, seu cabelo, nariz, sua raiva. Deixou levantar o canto direito do lábio cortado, em um corajoso sorriso de condenado irônico.

— Ei! Você é o polícia namoradinho da Bárbara!

— Eu perguntei cadê o velho!

— É mesmo! É o namorado da GP... — Perdeu o medo do que lhe aconteceria quando percebeu que Rodrigo estava abalado com o nome "Bárbara". Começou a gargalhar espuma de saliva e sangue ao vê-lo envergonhado diante de uma confusa Bianca.

— Parabéns, sua mina mete gostoso. O pelotão inteiro compartilha da mesma opinião.

— Mandei calar a boca. Cadê o velho? — Quase não foi ouvido em meios às desonrosas risadas do policial militar.

— Sério. Nunca tinha visto puta gozar. A mina transava a noite inteira e toda vez que eu aparecia ela ainda estava faminta... não é à toa que o japonês gamou.

Os solavancos de Rodrigo não contiveram as risadas do policial. Em frases paulatinas, o investigador investia-o contra a parede para que contasse sobre Maurício, ou pelo menos calasse a boca.

— Quer o velho? Corre para a represa Billings. Acho que ainda dá tempo de você disputar com os peixes o que sobrou dele.

Como se visualizasse a figura de Maurício submerso nas águas barrentas que matam a sede dos paulistanos, Bianca irrompeu sobre a arrogância do PM, atropelando Rodrigo pelo caminho. O palavrão jorrou com lágrimas.

Não mediu a força ao bater com o cabo da coronha na cabeça do homem. O resultado da imprudência foi um disparo acidental. Primeiro o longo ensurdecedor estampido, seguido por um fúnebre silêncio.

Rodrigo tapou os ouvidos para se livrar do zumbido que perfurava seu cérebro, abrindo e fechando a boca repetidas vezes para amenizar a dor muda e lenta. Ao ver Otávio, o policial militar, caído imóvel aos seus pés, percebeu o problema em que estavam metidos. Chamava-o pelo nome, mas não ouvia sua própria voz. Bianca não alterara um músculo do delicado e enfurecido rosto. Sequer abaixou a arma, mostrando a satisfação de um trabalho cumprido.

Ao ouvir um ruminar gutural vindo do policial militar, sentiu um alívio quando notou a marca percorrida pelo tiro. O projétil riscou o azulejo acima do PM, despedaçando fragmentos de chumbo e cobre pelo teto, pelas paredes e pelo espelho. Veio Cidinho, com arma em punho e expressão de fera:

— Baixa essa arma, mulher! — Bianca continuava alheia a todos. Rodrigo abaixou o braço da investigadora para evitar que ela levasse um tiro por causa de algum movimento involuntário com sua arma.

— O que você, fez, porra? — Entrar em um recinto após o som de disparo de arma de fogo e encontrar um homem no chão, com a cabeça ensanguentada, deixou Cidinho pronto para disparar. — Matou o cara?

Em poucas e gagas palavras, Rodrigo mostrou o rastro do tiro pelos ladrilhos e o trinco do espelho. Cidinho olhou a arma nas mãos seguras de Bianca; pressentiu o calor do cano em meio ao cheiro de pólvora ambiente. Era uma ponto quarenta Taurus, portanto a loira também era polícia.

Com a frieza de quem conhecia a cena de outras ocasiões, disse baixinho para Rodrigo que o serviço tinha sido porco e malfeito. Para que arredondasse a história e não fossem presos, era preciso que os investigadores sumissem – a corró tá chegando. Some daqui... eu te procuro.

Antes de partirem, desabafou:

— Essa mina gosta de matar, mas não tem pegada de polícia. Fique longe dela se não quiser problemas...

12. DOIS CEMITÉRIOS

Ninguém estranhou o homem arrastando a furiosa loira de vestido curto e bolsa a tiracolo entre os sofás do salão principal. Personagens despercebidos em uma trama cotidiana e vulgar no fim de noite da Love Story. Os seguranças fingiram ignorar os palavrões; o casal buscava a porta da saída, dois bêbados a menos para arrumar encrenca.

— Não gosto que me peguem pelo braço, porra!

As marcas dos dedos de Rodrigo na extensão do antebraço de Bianca multiplicaram-se até o carro. A maquiagem derretida sob a garoa fazia com que chorasse riscos, lambuzando de preto os cabelos loiros grudados no rosto.

Se Rodrigo pedisse, ou somente se calasse, ela não se recusaria a entrar no veículo, até porque era o meio mais seguro para uma mulher vestida de madrugada voltar para casa.

A Rua da Consolação estava mais triste do que costuma ser em madrugadas chuvosas. No banco do carona, perdida entre os dois cemitérios da rua, Bianca dizia que deveriam ir ao DHPP e contar ao delegado quem tinha matado Maurício:

— O filho da puta apanhou pouco. Vai ter a cana que merece. Eu quero dar a cana pessoalmente nesse cara. E te prepara, porque ele também vai responder por um tráfico.

A aflição trazida pela imagem de Maurício submerso nas águas podres da represa Billings não permitiu que avaliasse os poucos trajes que usava, impróprios para estar na presença do delegado. A chuva colou o vestido em seu corpo, revelando uma silhueta atlética e volumosa.

— Você abriu uma buceta na testa do cara, porra!

Os bicos rígidos dos seios indicavam o gelado que seu corpo sentia, regiam com o balanço do carro a monótona sinfonia do bater de dentes.

Rodrigo poderia amenizar o frio de Bianca, mas não agora, depois que ela o seguiu clandestinamente e quase matou um homem algemado.

— Como é que você sabia que eu estava na Love Story?

— O carro tem localizador. Mas isso não importa. Agora que estamos com a trezentos e oitenta do PM, poderemos fritá-lo. – Da bolsa, tirou a arma preta e raspada. Rodrigo queria ter manifestado seu protesto pela imprudência de Bianca em ter guardado a pistola alterada que encontrou com o policial militar. Seria pior, pensou. Só pediu para ver a máquina.

Tirou as mãos do volante, sacou o carregador, abriu o ferrolho para ter certeza de que a câmara estava vazia. Levou o extrator ao nariz, mas só conseguiu sentir o odor de pólvora quando cheirou o cano.

Um frio subiu pela espinha ao não se lembrar onde estava o revólver trinta e oito que também encontrou com o PM. Na sua cinta, Rodrigo. Na sua cinta...

— Acabou de ser usada, né? Esse cara tá fodido, Rodrigo. Toca pro DH. Amanhã mesmo o delegado pede a preventiva do vagabundo.

— Amanhã é domingo...

— Não interessa que é domingo, Natal, a puta que o pariu. Tem que ser agora, Rodrigo. E já! Senão esse cara dá pinote, a gente nunca mais consegue botar a mão nele. O cara matou o japonês, tá ligado? É óbvio... chantagearam o cara e apagaram ele. A gente conta pro delegado que ele... ele...

Havia limites no que Bianca estava disposta a imaginar. Mirou as gotas se espatifando no retrovisor. A voz umedeceu com o que pareciam ser lágrimas represadas em algum abismo de seu corpo. Apertou os olhos com força e trouxe para si o máximo de ar que seu pulmão conseguia aspirar.

— O Maurício morreu, Bianca.

— Cala a boca.

— E não vamos prender o cara...

À direita, o segundo cemitério que desfilava na avenida, com afiados arames farpados sob os muros – para os mortos não fugirem, lembrou-se Bianca de uma antiga piada que Maurício tinha lhe contado.

Notou os rasgos de sua meia-calça e tentou escondê-los com a mão, feito Eva no primeiro momento de nudez humana, teve vergonha ao descobrir que não estava sentada sobre o vestido. A barra de trás tinha subido quase até a cintura, expondo a minúscula tanga branca que abraçava sua bunda dura. Ajeitou-se no banco para esconder seu corpo. Finalmente chegaram ao prédio de Maurício.

— Descanse um pouco, Bianca. Você não tem nada a ver com essa história. O cara não te viu, a treta dele é comigo...

— Cala sua boca, idiota. – Rodrigo relevou a ofensa porque foi dita em meios a soluços de dor. – Você é um bosta... um cuzão que não dá valor ao distintivo que usa.

— Deixa comigo, ok?

— Cara, você acredita mesmo que tem coragem de resolver isso? Olha para você... – De tudo o que tinha visto em Bianca naquela noite, compartilhar a vitória do choro estourar em seu ódio era o que mais lhe perturbara. – Você é um bosta, cara. Só tá aqui porque não arrumou nada melhor... o pior tipo de cara que existe... daqueles que só conseguem comer uma mulher se for pagando... Vai embora!

Entre sonoros gemidos, Bianca esfregava os olhos, espalhando o que sobrara de maquiagem.

— Vai embora, caralho! – Rodrigo sentiu um pouco da baba da policial atingir sua boca. – Some daqui!

Ao ver que suas ordens não eram obedecidas, Bianca soltou o peso de seu braço em um tapa preciso. Apesar de não ter forças para machucá-lo, as unhas traçaram linhas vermelhas no nariz de Rodrigo. Veio o segundo em forma de soco.

— Vai embora, porra!

Esqueceu-se da vergonha de antes. Pôs-se de lado no banco, abrindo todo o corpo escondido durante o dia. Ao levantar uma das pernas, o policial hipnotizou-se pelo suave volume que a calcinha trazia no encontro das coxas. Antes que pudesse se afundar naquela macia transparência, sentiu o golpe agudo do salto de um sapato atingi-lo no peito, no ponto da costela quebrada.

Apoiada na porta, urros cadenciados marcavam o ritmo dos chutes, encolhendo Rodrigo no canto extremo do carro. Quando encontrou a maçaneta, despencou no asfalto molhado, retesando os braços junto ao corpo para aliviar a dor. Quando percebeu que a porta do carro se abriu, o ímpeto para a fuga foi imediato.

— Seu bosta! Vai embora! Desaparece daqui, filho de uma puta!

A janela de um apartamento se abriu para assistir aos passos do homem que desaparecia no horizonte da rua carregando vergonha sob a chuva, empurrado pelos gritos da mulher vestida de puta.

13. RATO DE DELEGACIA

Um velho gordo ria pelado sob as águas da represa Billings. A lembrança de uma baleia feliz brincando entre carcaças de automóveis e pedaços de corpo era inevitável. A cada gargalhada, seu corpo dava cambalhotas, girando livre na imensidão tranquila.
— Quer ver o japonês? — Falou sem borbulhar.
Rodrigo sentiu a água com sabor de morte invadir a garganta e quis vomitar. Batia os braços para alcançar a superfície. "Machado sem cabo", sussurrou Maurício. O peso da arma e das algemas não o deixava sair do lugar. Sobre sua cabeça, o fundo de um barco patrulhava, girando luzes vermelhas sobre o espelho d'água como as viaturas pintam o asfalto.
Acordou no sofá de alguma sala do DHPP envolto em um cobertor. O celular no bolso da calça vibrava havia alguns minutos, perturbando a sanidade do investigador. Com a roupa ainda úmida do caminhar noturno, ouviu pela janela fechada que a chuva não havia cedido. Sem sol, não sabia que horas eram; o brilho da tela do celular cegou os olhos que acabavam de acordar.

O delegado ligava. Ficou surpreso ao saber que ele e Rodrigo estavam no mesmo prédio. Deveria encontrá-lo em seu gabinete o mais rápido possível.

Teve tempo de ir ao banheiro, lavar o rosto e urinar. E lavar as mãos para jogar água na boca, achando que assim se livraria do terrível gosto.

Vozes familiares pelos corredores, algumas o cumprimentaram. Muitas, aliás, bem além do que se espera para um domingo como aquele. Ignorou quando foi chamado por alguém de "rato de delegacia". Sérgio – Serginho, o policial de bigodes – não se amedrontava diante da oportunidade de uma boa chacota.

Dessa vez Rodrigo observou que ele estava com outras pessoas, dividindo comentários maldosos sobre sua onipresença no DHPP. Seus cumplices na difamação integravam a equipe F-Sul, responsáveis por chacinas e investigação sobre grupos de extermínio.

Poderia retribuir os gracejos com a mesma conduta mal-educada de Maurício, o que, afinal de contas, era isso o que esperavam dele. No reflexo da janela, assustou-se com sua aparência: olhos vermelhos de cansaço, cabelos desgrenhados, roupa suja e amarrotada... pensou ter visto o velho.

— Que estado, Rodrigo. O que aconteceu? – disse o delegado em sua cadeira de encosto alto enquanto o policial se acomodava no banco rente à parede.

O silêncio era esperado. – Quer me contar o que aconteceu?

— Nada. Só uma noite ruim.

— Noite ruim?

O delegado Rubens e Rodrigo começaram juntos na polícia, atendendo o público em um distrito de São Paulo. Eram de idade próximas, mas o investigador teve mais pressa para envelhecer.

Naquela época Rubens, gastava longas madrugadas de estudos nos plantões para o concurso de promotor público. Antes de ser aprovado, porém, conseguiu ser transferido para o gabinete do secretário e nunca mais pensou em outro cargo.

Ambos foram alunos de Eduardo, o tira que os ensinou a chutar ocorrências sem que a vítima percebesse e investigar sem que o estado autorizasse. Foi a ajuda política de Eduardo que o tirou do distrito policial e o removeu para as graças da função comissionada.

— Você é muito parecido com o Eduardo, Rodrigo. Muito mesmo. Ele também era maluco assim, lembra? Não tinha vida. Dormia e vivia na delegacia. Trabalhava bem, mas era um louco. Lembra como ele derrubou sozinho o caso da Suzane Richthofen? Que perspicácia...

— O senhor o ajudou...

— Uma vez eu o vi enquadrar um delegado dentro da delegacia. Mas ele se arriscava porque só tentava sobreviver no meio dessa polícia. Você, ao contrário, se arrisca porque quer morrer... É mais fácil matar do que morrer, não é? Quem sabe um dia encontre alguém mais esperto que você para fazer o serviço que nunca teve coragem...

— Tá falando de mim ou do senhor?

A conversa subitamente perdeu o tom de simpatia que o delegado tentou manter.

— Onde você esteve ontem à noite, Rodrigo?
— Na balada.
— Na Love Story. Dando novidade com a PM, porra! O que está acontecendo, caralho? O Maurício tá no meio dessa merda, não é? Só pode... primeiro foi aquele QRU na Rua Tutoia, depois você me arruma briga com policial militar da escolta do secretário. Você quer morrer, porra?

— Escolta do secretário? – Rodrigo não conteve a surpresa.

— Agora tenho duas picas para você. Uma na corregedoria da Polícia Civil e outra na corregedoria da PM. Em qual te apresento primeiro? Por qual corró você quer ser preso?

O risco de prisão não o incomodava. O policial militar que Rodrigo abordou no banheiro da casa noturna não era apenas o homem envolvido com o desaparecimento do empresário e a morte de Maurício. De alguma forma, ele tocara no núcleo político da instituição. Fossem apenas bandidos comuns, saberia como agir.

O delegado Rubens aproveitou para arrumar a gravata prateada amarrada ao colarinho duro. Abriu sua gaveta e retirou o carregador de uma pistola. Lançada sobre a mesa, o objeto era familiar para Rodrigo.

— Me dá a arma, Rodrigo.

Novamente, Bianca se antecipara a seus movimentos. A arma estava no bolso de sua jaqueta desde a madrugada, quando foi expulso a chutes do carro. Mas a peça com os projéteis tinha ficado no assoalho do automóvel, um esquecimento percebido pela investigadora.

— Nós queremos pegar o cara, Rodrigo. Mas precisamos da arma.

— Doutor, o filho da puta matou o Maurício, porra!

— E ele vai te matar também, se não pegarmos ele antes. E pior. A louca da Bianca se envolveu nisso...

Rubens levantou-se de sua cadeira, foi até a porta da sala e a trancou.

— Rodrigo, sabe por que todo pessoal está aqui em pleno domingo? Há dois dias estamos recolhendo pedaços de um cadáver em uma roça de Cotia. Seis, por enquanto, todos ensacados e jogados longe um do outro, de uma forma para não ser encontrado. Hoje achamos a cabeça. É o japa que tinha sumido. E com um furo na testa.

Não foi preciso reiterar o pedido. Rodrigo, convencido de que a pistola raspada era fundamental para elucidar o agora comprovado homicídio, a entregou para o delegado.

— Foi morto com um tiro de trezentos e oitenta no crânio – disse Rubens, analisando com cuidado os detalhes do aço. – Igual a essa aqui.

— O cara não sai da balada. É só plantar de volta na cintura dele que a história fecha.

— Fecha, não, Rodrigo. – Rubens sentou-se no tampo da mesa. – A esposa tá no meio. Foi ela quem mandou gravar o vídeo, e não sabemos até onde ela está envolvida com o PM. Se pegarmos só o PM, ele nunca dará o serviço inteiro. Vai abraçar a bronca sozinho.

— Já ouviram a esposa?

— Como suspeita, ainda não. Estamos esperando o ofício com a triangulação das antenas do celular dela e o extrato das ligações telefônicas.

— Fizeram perícia no apartamento?

— Sim.

— Qual foi o resultado do luminol? Onde acharam vestígios de sangue?

— Esse caso não é seu. O suspeito é policial. Isso exige cuidado no que se faz.

Com a calma de quem dominava a conversa, o delegado foi até a janela para tentar fechar as frestas que cuspiam gotículas da chuva. Rodrigo trouxe da cintura o trinta e oito que também estava com o policial militar.

— Olhe isso aqui, doutor. Encontrei na canela dele – disse Rodrigo, mostrando o revólver de Maurício. – O cara tem coragem de matar polícia. O velho virou comida de peixe por causa dele. Acha que isso é polícia?

Rubens pegou o revólver como se o conhecesse de outros plantões. Em um movimento quase automático, levou o tambor ao nariz para tentar sentir o cheiro de disparo recente. Certamente Bianca já havia lhe repetido as palavras ditas pelo PM no banheiro da Love Story, mas Rodrigo só não entendia como ele ainda não tinha tomado providências.

— Rodrigo – disse em tom solene –, tenho grandes amigos na PM, mas não se pode dar as costas a eles. Tá vendo isso aqui? – Apontou uma montanha de inquéritos sobre sua mesa. – São investigações sobre grupos de extermínio em São Paulo. Todos os suspeitos são policiais militares. Fosse há alguns anos, tudo isso viraria papel sem uso no depósito. Eu facilitaria para o MP arquivá-los, porque todos nós sabíamos que o serviço era nobre. Limpavam a rua de noias, traficantes, bandidinhos pau de bosta que só enchem o saco da população e da polícia. Mas hoje sinto remorso por não conseguir prendê-los. Transformaram-se em criminosos que matam a mando do PCC, participam do racha da boca de fumo e explodem caixas eletrônicos... Estamos brigando com homens armados pelo estado, Rodrigo, como nós, e por isso dificilmente conseguiremos botá-los na grade.

Após um longo silêncio, o delegado devolveu a arma ao investigador. Sabia que pertencia ao Maurício e como ela foi parar ali, em suas mãos, mas não teve coragem de lançar nenhum comentário. Rodrigo já estava com muitos problemas e não queria fazer parte deles.

— Não acredite em PM, Rodrigo. O velho deve estar bêbado em algum puteiro... Não teriam coragem de fazer mal a um tira do DHPP. Eles sabem o que aconteceria. Nem o delegado-geral toleraria tanta deslealdade.

— Vou pegar o cara.

— Vai o caralho! Se você continuar com essa história, eu mesmo te frito na corregedoria. Escuta, porra. Ele não tá sozinho na parada. Além da esposa, tem outros PMs também. E PMs da escolta. São oficiais, não qualquer pracinha. Qualquer coisa que fizermos que toque no nome do secretário custará caro ao DHPP inteiro. E quer saber? Não duvido que tenha o dedo da sua namoradinha nisso tudo.

Quis dizer que Bárbara não era nada além de uma boa transa, mas não seria verdade. Àquela altura, o delegado a conhecia e provavelmente conversaram sobre a morte do empresário. Como não sabia o que Rubens já tinha descoberto, Rodrigo fez ares de convencido para participar do jogo.

— Vamos botar uma pedra em cima disso tudo. Amanhã você começa no vinte e cinco DP. Foi o modo que descobri para te proteger. Você vai se dar bem no meio do mato, o chefe dos tiras é bacana, o lugar é tranquilo e sem muita ocorrência. Deixa que eu me resolvo com as corrós. Fique lá por uns tempos, pelo menos até essa história terminar. Quando a imprensa descobrir essa merda, vai chover repórter que se acha investigador ,querendo saber mais notícias.

— Tá me dando o bonde?

— Eu não tenho escolha, Rodrigo. Se ficar aqui, vai acabar atravessando a investigação e colocando a Homicídios toda em risco. Além disso, a PM tá louca para pôr as mãos no tira que quebrou a cara do tenente no banheiro da Love Story. Você precisa se esconder.

14. RUA ROMA

O canto de um galo no infinito da noite fez Rodrigo imaginar a ave batendo as asas com suas penas molhadas e relógio adiantado, já que eram apenas onze horas da noite. "Existem galinheiros em São Paulo?"

O vigésimo quinto DP cuidava do maior território que cabia à polícia ao extremo sul da cidade. Quase a área total dos demais distritos. A maior parte era mato, florestas, sítios e – para espanto de Rodrigo – até uma aldeia indígena. Diziam que em algum canto do lugar era possível ver o mar.

Deveria ter assumido o plantão às oito horas, mas só conseguiu encontrar o prédio uma hora depois. Quando chegou, foi recebido pela TV ligada com o escrivão plantado à frente, que ao ver o novo investigador da equipe, logo lhe avisou que o delegado e os outros policiais só apareceriam caso acontecesse uma merda muito grande.

— Arrume um cantinho na chefia para você dormir. Vou trancar a porta porque, com essa chuva, é impossível ficar acordado.

Não fosse pelos dois policiais, o distrito estaria abandonado. O escrivão ainda disse que a comida era feita na cozinha, mas não se importava se Rodrigo fosse buscar uma pizza. "Um bom tira sempre tem QSA em alguma pizzaria, não é?"

Na TV, uma notícia chamou a atenção de Rodrigo. Anunciava o descobrimento do corpo do empresário japonês desaparecido – ou pelo menos o que sobrou dele – em Cotia.

— Mas tem louco nesse mundo, né? Isso aí tá muito estranho... – resmungou o escrivão, largado na poltrona do plantão.

Pouco antes da meia-noite, uma motocicleta estacionou no pátio do distrito. O escrivão preocupou-se, achando ser uma ocorrência. Mas Rodrigo o acalmou:

— É um parceiro meu, pode voltar a dormir.

— Para vir até esse fim de mundo de moto e debaixo dessa chuva, deve ser mais do que um parceiro...

Rodrigo cumprimentou o motoqueiro, que recusou o convite para entrar no prédio. Cidinho tinha pressa.

— Vou buscar sua pizza! – gritou Rodrigo para o escrivão, que estava deitado em alguma poltrona no fundo do prédio. Ele agradeceu, ressaltando para não demorarem, pois não era bom comer muito tarde.

Correram até o carro de Rodrigo. Não adiantou o cuidado para não se molharem.

— O cara mora na Lapa. – Cidinho dava tapas em seu ombro para retirar a água ao sentar-se no banco do carona. Do bolso esquerdo tirou um pedacinho de papel e o entregou a Rodrigo:

"Rua Roma, 1.770. Jetta Branco DZS-0277"

Conhecia o lugar e suas adjacências.

— Ele só tem esse carro?

— Só. Não tem erro. É esperar o cara chegar e deixar o cano gritar.

Entregou ao investigador uma arma com ferrolho preto e chassi prateado.

— Toma a cabrita. – O cano não pertencia à arma. – O trampo é seu. Mire na cabeça e descarregue tudo o que puder.

Entre o vaivém do limpador do para-brisa, do pouco que se via além da lataria do veículo, a mata densa cedia lugar às favelas empilhadas nos morros tortos. Mais alguns quilômetros e a Marginal Pinheiros os engoliria com sua língua de asfalto encharcado. Rodrigo ouvia atentamente as instruções:

— O bagulho é rápido. Fique na sombra de uma árvore a poucos metros do prédio do vagabundo. Quando ele encaixar o carro para entrar na garagem, abra o guarda-chuvas e não corra, entendeu? Entendeu?

— Claro – disse apenas para não decepcionar Cidinho. Lembrou-se do boné de abas largas que guardava no porta-luvas e o guarda-chuva no banco de trás, para esconder seu rosto da câmera de vigilância.

— Se ainda tiver munição quando ele tombar, trate de conferir no meio da testa. — Cidinho expressava naturalidade de quem conhecia o ofício. O brilho nos olhos caguetava um secreto prazer oculto que agora compartilhava com Rodrigo.

— Use essa jaqueta e livre-se dela assim que virar a esquina. — A peça de roupa era grossa e bem-alinhada. Seria uma pena dispensá-la, mas necessário, pois estaria impregnada de pólvora. — A chuva vai te ajudar...

Um carro os ultrapassou pela direita traçando um incômodo farol alto no retrovisor.

— Depois volte andando para o carro. Você vai sentir vontade de correr, vontade até de cagar. Mas não se entregue. Faça o serviço, mantenha a arma junto ao corpo e apontada para o chão, como se ela não estivesse ali. E não corra. Se é para fazer errado, faça errado direito!

Cidinho, experiente no ramo, fez o levantamento do local com calma, descobriu suas sombras, câmeras, esquinas, seguranças... Ocorreu que ele próprio deveria fazer o serviço, mas a lealdade ao colega não permitiu tamanha deselegância.

Pesava contra Rodrigo o fato de ele nunca ter matado ninguém. Provavelmente jamais atirou na direção de um ser humano. Mas quando se está decidido a fazê-lo, bem sabia Cidinho, era fácil apertar o gatilho. Nem precisaria fazer a mira... bastava mostrar o cano para vítima e deixar o cão bater na agulha. Qualquer corno enraivecido pode matar.

— Rodrigo, você não está fazendo isso por causa daquela puta, né? Caralho. O cara comeu tua mina, mas se for...

Antes de terminar a frase, mais de uma dezena de tiros atravessou a janela do motorista, disparados por um motoqueiro camuflado na escuridão e na chuva.

Enquanto o carro capotava, Rodrigo admirou-se com a habilidade do atirador que conseguia empunhar a arma e pilotar a moto ao mesmo tempo, sem deixá-la afogar.

15. PODRÃO SOLITÁRIO

— Você tem cu de ferro, Rodrigo.

Foi a primeira coisa que ouviu ao acordar na cama do hospital. Doía a cabeça e sentia um ardor no braço esquerdo enfaixado. Rubens, o delegado, não escondia a surpresa com a sorte do investigador.

Doía o nariz e alguma parte entre o céu da boca e os dentes. Ao passar a língua para umedecer a secura do palato, sentiu falta do canino superior esquerdo. As sobrancelhas pesavam mais do que o normal e percebeu que os olhos estavam demasiadamente inchados, quase não conseguia abri-los.

— Contamos oito tiros no carro e nenhum acertou você. – O delegado pensou em fazer piada com a aparência monstruosa de Rodrigo, mas conteve-se diante do tom grave na pergunta do investigador:

— Cadê o Cidinho?

O longo silêncio explicava o destino do amigo PM, cuja fortuna fora menos generosa. Para ser hábito de Rubens omitir-se de falar quando a notícia não era boa.

Rodrigo pensou em uma breve oração, mas a imagem de Bianca parada no corredor tratou de mudar seus pensamentos. Uma sentinela descontente, todavia leal à função. Ignorava o moribundo como se fosse apenas mais um entre tantos naquele lugar.

— Vocês sofreram uma tentativa de roubo e infelizmente o Aparecido veio a falecer. – O delegado esclarecia como tinha encerrado a ocorrência. Interrompeu o protocolar discurso quando se deu conta de que Rodrigo estava mais interessado na loira parada do lado de fora do quarto. – Encontramos o corpo do Maurício.

"Há quanto tempo chove?" A água invadindo o para-brisa do carro estilhaçado pelo acidente foi a última coisa de que conseguia se lembrar. Morreram Cidinho e Maurício. Ele ainda não, sabe-se lá por quê. Quanto a Bárbara, outra defunta. Podres, macerados.

Tantos corpos, nenhum funeral, nenhum enterro. Somente a garoa jamais iria embora – "Você se arrisca porque quer morrer", Rubens não estava de todo errado.

Morrer – como acontecia aos corpos que encontrava durante os plantões – não era a exata palavra que expressava o verdadeiro desejo de Rodrigo. Sumir, sim. Desaparecer. Mas não morrer, porque morto fedia.

Livrar-se de uma vez por todas da angústia em saber que será apenas mais um podrão solitário. E após semanas desaparecido, os vizinhos notarão o mau cheiro escapando de seu apartamento.

A PM será acionada; um chute preciso fará a maçaneta ceder ao golpe do borzeguim. Janelas fechadas e, deitado na cama, lá estará Rodrigo decomposto, saponificado. Ao verificarem seus documentos, descobrirão que o defunto se tratava de um policial. A arma ao lado e nenhum dinheiro na carteira. "Pelo menos ele foi homem para não se matar com a PT."

Aceitava essa imagem com algum remorso, mas jamais tolerou a dor que deveria preceder o fim da vida. Por isso a ideia de sumir não lhe era desagradável, porque os desaparecidos nunca morrem.

— Como ela está? – perguntou ao delegado, apontando com os olhos a mulher que aguardava do lado de fora do quarto.

— Muito quieta.

Não sabia dizer se o silêncio da policial era algo bom. De qualquer forma, era menos perigoso do que seu extremo histérico. As poucas vezes em que a mulher se virava para o quarto era para observar através da imensa janela e contemplar, com certa reverência, a névoa úmida serpenteando com o sopro do vento, enquanto descansava a mão no cabo da pistola negra pendurada ostensivamente no coldre.

Poderia, se quisesse, esconder a arma sobre o tecido da camisa polo que usava. Entretanto, isso faria dela apenas uma mulher qualquer parada na porta do quarto de um hospital, aguardando o desfecho da dor de um conhecido.

— Cadê minhas armas?

— Na bolsa preta, com suas roupas. A PT do Cidinho já foi entregue para a PM. Era carga. Tinha alguma outra arma no carro?

Uma pergunta que não deveria ser respondida. Rodrigo preferiu olhar o cinza do céu através do vidro da janela e despencar, com a ventania molhada, nos galhos de uma árvore.

— Não encontramos nenhuma outra arma. Mas o que sobrou do seu carro está apreendido no pátio, e ainda posso dar uma olhada nele com mais cuidado. Quem sabe não me surpreendo com uma trezentos e oitenta com chassi cromado, ferrolho preto e cano adulterado, escondido embaixo do estepe.

A observação de Rubens trouxe Rodrigo de volta ao quarto.

— Porém, se me prometer ficar nesse quarto por pelo menos mais um dia, encerramos as investigações e ninguém se fode.

— Não vou ficar aqui, doutor.

— Porra, Rodrigo! Você já matou dois caras. Eu estou com medo do que pode fazer com quem está ao seu lado. – O delegado aproximou-se para sussurrar sua ênfase – Olhe a Bianca. Sabe por que ela tá aqui?

Ela quer te matar. Já espalhou para todo mundo que, quando tu colocar os pés para fora desse hospital, vai te foder que nem você fodeu com o Maurício. Já estou com a preventiva do PM na mão. Agora que finalmente vamos enjaular um tenente, você quer foder todo nosso serviço?

Não se sentia responsável pela morte dos policiais. Se morreram, foi porque buscaram caminhos errados. O discurso do delegado não afetou sua consciência. Tinha problemas demais para se preocupar. Queria voltar para o DHPP, porque era onde se sentia em casa.

Decidiu que deixaria algumas roupas na Homicídios para nunca mais precisar sair sujo em diligências inesperadas. Também guardaria em seu armário objetos de higiene pessoal, escova de dentes... sabonete para o banho, cuecas, meias.

Como a administração ainda não dera objetivos à antiga sala de Maurício, ia instalar um colchão para dormir. Sim. Com certeza, será mais agradável do que seu apartamento. Finalmente, não precisará voltar para lugar nenhum ao fim do plantão.

Enquanto pensava nos móveis necessários para habitar o cubículo, um médico gordo, com cabelos escuros e ralos, invadiu o quarto como se fosse o proprietário. Disse bom-dia com uma prancheta na mão. Do bolso sacou uma caneta.

Perguntou a Rodrigo como se sentia e não expressou qualquer reação ao saber que não havia queixas graves.

— Doutor, quantos dias ele ficará aqui?

— Dias? – respondeu o médico ao delegado. – Por causa de uns arranhões? Vocês querem foder a firma?

Enquanto os doutores conversavam, Rodrigo pediu que lhe entregassem a bolsa preta. Conferiu a PT, o trinta e oito cano curto, carteira e celular... Olhou para Bianca que insistia em ficar de costas.

— Nenhuma fratura nem costela quebrada – disse o médico, colocando um grande negativo de raios-X entre seu rosto e a lâmpada do teto. Rubens foi até a porta do quarto conversar com sua investigadora mais bonita.

Rodrigo aproveitou o instante de solidão para discar o telefone de Bárbara. Quatro toques e alguém atendeu. Ao primeiro "alô" do policial, a ligação foi encerrada de modo tão rude que se sentiu ofendido, muito ofendido.

— Nos vemos na quinta-feira. É o tempo de que precisamos para arrumar a casa. E não se preocupe, deixe que eu aviso seu novo delegado de sua folga.

Bianca já não estava visível na porta quando o delegado saiu do quarto. O médico, ao ver o paciente frustrado com o celular na mão, perguntou se não gostaria de usar o telefone do hospital.

— Os olhos vão desinchar com o tempo, mas você vai precisar de um dentista, rapaz. – E lhe deu um pequeno espelho para que observasse os machucados do rosto. Cortes pelo queixo, pela testa e pelos olhos escuros até no globo ocular. Não seria bom Bárbara vê-lo nesse estado.

— Doutor, vou embora.

— Só assine aqui, por favor.

16. SOMBRA DA NOITE

O escrivão do vigésimo quinto DP gemeu de angústia quando viu o táxi estacionar em frente ao distrito policial. Eram apenas sete da noite, uma péssima hora para começar uma ocorrência. Aliviou-se quando viu Rodrigo saltar do carro e caminhar em sua direção.

— Ei, cadê minha pizza? – disse antes de o cumprimentar. Chamou-lhe a atenção os dois olhos roxos e o buraco na boca onde deveria haver um dente, mas nada comentou porque não era de sua conta.

Rodrigo perguntou pelo capacete que havia deixado sobre a mesa em seu último plantão, e o escrivão o orientou a procurar no armário dos fundos, onde realmente o encontrou com as chaves da moto de Cidinho.

— Você volta hoje? O que digo se o delegado resolver perguntar de você?

— Diga que fui buscar a pizza dele.

Aproveitou que a chuva havia diminuído para correr além da prudência no asfalto escorregadio. Preferiu não seguir pela Marginal Pinheiros, como fez da última vez, com receio de que fosse surpreendido por algo desagradável novamente.

Optou por entrar na Avenida Interlagos e cortar caminho entre o trânsito de carros até a Rua Roma, onde ficava o prédio que, segundo o bilhete de Cidinho, morava o policial militar.

O visor do capacete precisava ser constantemente limpo por causa das gotículas da névoa noturna. O tempo fechado ameaçava a chuva, mas estava decidido a não voltar para o plantão do vigésimo quinto DP sem terminar o serviço que ficou pela metade.

Na falta de uma arma fria, teria que matar o policial militar com o revólver de Maurício. Se não fosse suficiente, terminaria com sua própria ponto quarenta, carga da instituição e registrada em seu nome. Era um risco que estava disposto a correr.

Por sorte, a Rua Roma era mão única, por isso o Jetta Branco, placa DZS-0277, só poderia vir de uma única direção. Estacionou a um quarteirão do prédio, escondido na sombra de uma árvore, atrás de uma caçamba de entulho. O imóvel em frente estava em obras, não havia perigo de moradores estranharem a presença do soturno motoqueiro.

Inevitável chuva!

Em pouco tempo, a roupa grossa encharcou-se. Rodrigo ficou preocupado com a eficácia do revólver molhado. Manteve o visor do capacete levantado para que o suspiro de seu nariz não o embaçasse.

As instruções de Cidinho não lhe serviriam naquele momento. Seria mais simples: ao ver o carro do PM, esperaria alinhar-se na entrada da garagem do prédio para se aproximar. Pararia a moto junto à janela do motorista e descarregaria o revólver à altura da cabeça do homem. Depois, desapareceria.

Colocou o trinta e oito na cintura. Não tinha certeza se o tamanho da arma bastaria para perfurar o vidro e o corpo do PM, mas nada poderia fazer. Ao deslizar as mãos no bolso da jaqueta, sentiu o celular esquecido.

Não relutou em ligar para Bárbara. Uma última tentativa, quem sabe?

Quase não tocou. Foi atendido de imediato, o que acelerou o coração de Rodrigo. Antes de se sentir contente, desligaram. "Deixe sua mensagem após o sinal."

Um humilhante novo contato. "Será que não sabe que sua vida está em risco?", por algum motivo, sentia-se no dever de ajudá-la. Ligou novamente. Bárbara deve ter se comovido com a insistência do policial porque dessa vez não desligou.

— Bárbara.

— O que você quer? Não entendeu que não quero falar com você.

— Calma, Bárbara. Só quero conversar.

— Não temos o que conversar.

— Temos sim. Precisamos falar sobre nós.

— Não existe mais "nós", Rodrigo. Eu não quero falar contigo.

— Escuta...

— Esquece, Rodrigo. – O sotaque nordestino da mulher se acentuava a cada minuto. – Me respeite! Pode me respeitar? Eu não quero mais ouvir sua voz. Você só me fez mal, porra. Eu me fodi por causa desse relacionamento e não quero nunca mais passar perto dele, entendeu?

Agora estava claro. Tudo começou por causa da ideia idiota de Maurício em querer prender policiais militares – que nem se sabe ao certo se participaram de fato da morte do empresário japonês. Seu encontro com o PM que agora deveria matar foi por insistência do velho; só por causa disso (muito fácil para Rodrigo concluir) era o único culpado do envolvimento de Bárbara na trama.

"Só queria lhe pedir desculpas, porra!", Rodrigo estava certo de que tinha sonorizado esses pensamentos. "Tão óbvio!"

Bárbara se distanciara por causa de sua covardia infantil. Não havia outro motivo, oras! "Como eu pude enfiá-la na merda dessa história?" Ela só queria sua proteção, mas você quase a prendeu. Um canalha, Rodrigo. Na pior acepção do termo. Um puta canalha que não merece o distintivo que carrega no bolso. Terá muita sorte se o PM for mais esperto e lhe enfiar dois besouros na testa. Sem querer, invejou a paz de Cidinho.

Uma conhecida sensação de sufoco o tomou. Algo volumoso na garganta. Não era líquido nem sólido. Só estava ali, preso. A respiração ficou difícil, como se o ar se tornasse tão espesso quanto a chuva. Era quase como o chute no peito que havia tomado alguns dias atrás.

Antes que explodisse, assustou-se com o barulho de pneus de carro freando bruscamente à sua frente.

Uma forte luz branca o cegou.

17. TREZENTOS E OITENTA TIROS

— O que você está fazendo aí?

Rodrigo não sabia o que responder, nem a quem deveria. Quando raios de luzes vermelhas e amarelas começaram a piscar no teto do automóvel, entendeu que era uma viatura da PM fazendo seu serviço.

— Só esperando a chuva passar. — Colocou a mão na frente dos olhos para tentar desviar-se do incômodo feixe de luz que saía do celebrim segurado pelo policial militar.

Rodrigo tinha certeza de que tomaria um enquadro digno de um noia que se esconde nas sombras da noite. Mas a chuva estava muito pesada para fazer os dois policiais militares abandonarem o conforto da barca. Eram duas e pouco da manhã e eles não estavam dispostos a puxar o resto do serviço com a farda molhada.

— Eu já vou embora. Só estou aqui porque fiquei com medo. É perigoso andar de moto nessa chuva. Não dá para enxergar nada com a viseira do capacete embaçado.

O piloto da viatura disse alguma coisa para o parceiro. A luz do celebrim percorreu os arredores de Rodrigo, a caçamba.

— Tira o capacete para eu te ver... – Rodrigo não titubeou e obedeceu ao comando. Se Maurício o visse tão servil às vontades dos milicianos, ele próprio o mataria. Agradeceu à forte chuva que escondeu os machucados de seu rosto.

— A gente vai voltar aqui em uma hora. Não fica de bobeira por aí, não. – A luz do celebrim se apagou, o pisca do *hilight* do teto cessou. Desapareceram na chuva tão rápido quanto surgiram.

Agora, Rodrigo torcia para que a chuva não fosse embora, porque se os policiais cumprissem a promessa de retorno, não haveria como justificar sua presença.

A chuva não parou, tampouco os PMs voltaram.

Eram quase cinco horas. Estava cansado, mas confiava nas palavras de Cidinho: "Paciência, rapaz. Ele é o tipo de cara que se fode porque não consegue evitar a putaria".

O sol ameaçava surgir no horizonte chuvoso quando dois faróis apontaram na esquina. Pela distância entre os focos, calculou que seria um carro com as mesmas dimensões daquele que aguardava. Aprofundou-se na escuridão, "DZS-0277."

Levou a mão à chave da moto e quase não conseguiu girá-la. O painel se acendeu e só apertou o botão da ignição quando o PM estava exatamente com o carro parado na frente da garagem.

Devagar, como recomendou Cidinho, a moto avançou com o farol apagado. Com a chuva, era impossível ao ocupante do Jetta branco perceber sua aproximação.

Viu a enorme grade do prédio começar a se deslocar para a esquerda; certificou-se de que o revólver estava em um lado da cintura e a ponto quarenta do outro. "Mantenha-se no centro da rua, sem chamar a atenção." Mais perto, percebeu um novo detalhe que passou despercebido: as películas escuras do veículo impediam enxergar quem estava em seu interior.

Pensou que poderia cometer um grande erro se o carro estivesse sendo conduzido por outra pessoa que não o PM.

A menos de três metros do veículo, foi subitamente ultrapassado por outra moto em alta velocidade. Cogitou não prosseguir com o plano, mas não foi preciso abortá-lo.

O misterioso motociclista freou ao lado do carro e disparou toda a munição da pistola que segurava. Pela grande quantidade de tiros, só poderia ser uma trezentos e oitenta.

Rodrigo também parou, sem saber o que fazer, viu quando o atirador guardou o carregador vazio no bolso e o trocou por outro; novamente o descarregou contra o vidro do carro, que àquela altura eram só estilhaços. Quantas pessoas eram capazes de suportar o coice de trinta tiros e ainda pilotar uma moto?

O motoqueiro parecia tão concentrado em seu trabalho que não notou a presença de Rodrigo. De sua posição, o investigador poderia atirar na cabeça do estranho. Na verdade, a situação não lhe pareceu das piores. O PM estava morto, e não por suas mãos. Se Rodrigo prendesse o assassino, poderia ser o herói de uma história em que, caso seguisse seu enredo original, fatalmente acabaria preso.

O homem guardou a pistola quente no coldre e partiu. Quando sentiu uma distância segura para segui-lo, Rodrigo acelerou sua moto para o mesmo sentido.

As ruas, antes completamente vazias, começavam a ser tomadas por carros e ônibus. O motoqueiro era ágil, não fugia em desabalada carreira e mesmo assim, desviando-se dos outros veículos, ganhava espaços importantes para desaparecer em meio à chuva.

O investigador teve raiva de sua pouca familiaridade com motocicletas e já não sabia onde seu perseguido estava. Conforme se aproximava da Avenida Pompeia – uma veia de escoamento do pesado trânsito da cidade –, mais desapontado ficava.

Estava certo de que não conseguiria encontrar o assassino naquele ponto, pois o trânsito tornava impossível atravessar a Pompeia de um lado a outro naquele instante. Outras motos começavam a surgir, levando seus condutores para o começo da rotina diária na cidade. Motoqueiros buzinaram, como se pedissem para que andasse mais rápido ou saísse da frente para que passassem.

Quando preparou um palavrão como resposta, viu à frente, parado na primeira fila do semáforo vermelho, o motoqueiro que matou o PM. Com cuidado, trafegou nos espaços livres entre os carros e ônibus e consegui alcançá-lo. Tinha que agir antes que o sinal verde fosse acionado. Parou imediatamente atrás dele e levou a mão à cintura para sacar sua ponto quarenta.

Deve ter feito algum barulho, pois o motoqueiro percebeu pelo retrovisor da moto o movimento desajeitado de Rodrigo.

O investigador estava pronto para se antecipar ao ataque do assassino, porém, ao contrário do que esperava, o homem não teve qualquer reação. Não ameaçou defender-se ou mesmo fugir. Ficou ali, imóvel. Rodrigo também congelou. "Poderia não ser a mesma pessoa."

Tão despreocupado estava com a presença do policial que permitiu um pequeno movimento para ajeitar-se no banco molhado da motocicleta. Não teve dúvidas: deveria atirar.

A barra da capa de chuva preta do motoqueiro subiu, revelando o coldre com a pistola de chassi cromado e ferrolho preto. Arrumando sua roupa sem tirar os olhos de Rodrigo, a pele branca do assassino congelou o policial.

Uma conhecida tatuagem de dragão rodeava suas costas e seguia para a barriga... Quando se voltou para os olhos do motoqueiro, viu dois brilhos azuis que já lhe humilharam com palavrões e chutes. "Essa mina gosta de matar, mas não tem pegada de polícia."

Definitivamente, Bianca era a mais linda e louca das mulheres.

18. NOBREZA IMPARCIAL

A recepcionista do palácio da polícia não estranhou o investigador chegar ao trabalho tão cedo; era hábito daquele homem estar sempre por ali, em qualquer momento do dia. Às vezes até brincava com suas amigas, dizendo que o rapaz deveria morar no prédio.

Mas não deixou de notar sua aparência estranha: as roupas sujas e encharcadas se justificavam pela tempestade que assolava a cidade nos últimos cinco dias. Seu rosto deformado só poderia ser queda de moto – pensou isso por causa do capacete que ele trazia nas mãos.

— Nossa, o senhor está bem? – disse por dizer. Os passos decididos do policial o conduziam para dentro, ignorando tudo o que estivesse ao redor.

Não quis esperar o elevador, mesmo sabendo que não haveria fila, já que o lugar estava praticamente vazio.

O primeiro e o segundo andar passaram como sua vontade queria. No meio do terceiro, o fôlego o obrigou a diminuir a marcha. Perto do sexto, já estava andando e antes do nono sentia ânsia de vômito.

Atravessou os corredores pouco iluminados pela luz do dia, observado por alguns policiais sentados nos bancos de forro rasgado. Se antes comentariam alguma chacota sobre o tira de aspecto podre que nunca abandonava o prédio, agora nada disseram. Contemplaram em silêncio aquele desespero que já conheciam, um instante inevitável na carreira de quem faz de defuntos o objeto de trabalho.

Não fosse o barulho das gotas de chuva espalhando-se nas janelas com a força do vento, apenas o som de seus passos o teria acompanhado até a sala do delegado Rubens.

— Rodrigo, você está preso.

O delegado o surpreendeu logo que entrou no recinto. Rodrigo não estava preocupado com sua liberdade:

— Foda-se! – Poucas vezes o investigador mostrou-se alterado como estava naquele momento. – Tá todo mundo preso nessa porra!

— Me dê sua arma e sua algema. Cansei de tentar ajudá-lo. Seu lugar é na cadeia, não aqui. – Rubens desafiava o investigador com palavras duras. O que impedia Rodrigo de atirar no delegado para evitar que fosse preso?

— Vai me prender por quê? – O policial avançou na direção do delegado sentado à mesa – Por que vi sua tira matando um PM?

— Não fale besteira. Se não tem respeito pelo seu trabalho, ao menos preze sua vida.

A porta da sala fechou-se nas costas de Rodrigo. Pensou que fosse o vento:

— Polícia não mata polícia, por mais bandido que seja – disse Bianca, fazendo Rodrigo virar-se para trás.

Em pé, na frente da porta e com os cabelos molhados, a policial vestia a mesma calça preta de plástico que usou no ataque ao PM. A jaqueta úmida estava jogada no canto do lugar, junto ao capacete. Mas seu coldre estava vazio.

— Sua casa caiu, Rodrigo. Seu lugar não é na polícia.

O investigador não ouviu as ameaças de Rubens. Interessava-lhe apenas Bianca.

— Você é louca? Tem ideia do que fez?

— O que eu fiz, Rodrigo? Onde você estava essa noite? Na Love Story, arrumando briga com PM novamente?

— Onde você passou a noite? – reiterou o delegado.

Rodrigo teve medo de suas próprias palavras. Era certo que nenhuma daquelas pessoas estava disposta a esclarecer o que achava ser verdade. Até então, a única certeza que tinha era da voz de prisão em seu desfavor.

A aflição por sentir seus ossos comprimindo a pele. O peito apertou. A respiração tornou-se impossível.

A mesma sensação que se repetia há algum tempo, mas nada tão forte. Normalmente, conseguia controlar-se apenas fechando os olhos e inspirando profundamente. Não daquela vez. Chorou porque quis chorar.

O delegado e Bianca não pareciam constrangidos.

— O louco sou eu, doutor. – Palavras quase incompreensíveis em meio aos soluços. Sentou-se no chão com as costas apoiadas na mesa de Rubens; tentava esfregar os olhos, mas ainda doíam. – O louco sou eu!

Ao ver o amontoado humano esparramado no chão, Bianca se aproximou para o que Rodrigo achou ser um abraço. Não resistiu ao toque da policial, apesar de não retribuí-lo. Mesmo molhada, seu perfume persistia no cabelo, como se tivesse acabado de sair do banho.

Os braços o cercaram rapidamente e, sem que percebesse, ela o desarmou, tirando sua pistola da cintura e o trinta e oito que trazia na canela, voltando à porta. "Muito prudente essa mulher", pensou Rodrigo.

— Era você que deveria ter matado ele, não é? – Rubens não esperava uma confissão. – Não se envergonhe, Rodrigo. Você tem o direito de se sentir assim.

Não durou mais do que dez minutos. O que eram lágrimas e cólera tornou-se um alívio que Rodrigo nunca tinha experimentado antes. Parecia vazio, limpo. Lambeu o buraco deixado pelo dente e tentou enxugar o rosto, mesmo com as dores.

O investigador de bigode, que costumava fazer piada de todos, entrou na sala. Também vestia capa de chuva e trazia um capacete nas mãos. Com ele, mais dois outros homens, todos com o mesmo uniforme.

— Rodrigo, três PMs foram mortos nessa madrugada. Um era aquele que você achava ter participado da morte do empresário japonês. Os outros dois estavam sendo investigados por envolvimento em grupos de extermínios. – O delegado colocou a mão pesada sobre a já conhecida pilha de inquéritos sobre a mesa.

Mesmo confuso com a crise, um sinal parecia alertar em sua cabeça:

— A PM tem certeza de que eles foram executados pelo PCC.

Bianca sorria. Não se lembrava de quando viu tanta alegria naquela mulher.

— Eu gostaria muito de que confiassem em nós e esperassem o fim das investigações. Mas eles fazem sua própria justiça. Infelizmente, vão revidar contra o partido para honrar seus homens mortos. Não há como impedir. E depois disso, o partido também vai querer vingança. Uma guerra da qual não fazemos parte, entendeu?

Sentiu uma mão apertar a sua. Sérgio, o investigador de bigodes, ajudou Rodrigo a se levantar, arrumou sua roupa imunda e recomendou que tomasse um banho. Mesmo com nojo da sujeira, deu-lhe um forte abraço.

— Fique tranquilo, rapaz. Nosso trabalho acabou.

Confuso, Rodrigo tentava entender como conseguiram jogar a PM contra o crime organizado, que revidaria contra a tropa com sangue e terror enquanto os investigadores assistiriam ao duelo com um nobre ar de imparcialidade, anotando os boletins de ocorrência e fazendo o trabalho para o qual eram pagos.

Sérgio limpava as lágrimas com um lenço de papel que tirou de algum lugar. Dizia-lhe coisas lisonjeiras e encorajadoras, mas que não faziam o menor sentido para o Rodrigo, perdido entre as lembranças do chute que tomou em frente ao prédio de Bárbara, do banheiro da Love Story, de um carro capotando na Marginal Pinheiros...

Um senhor grisalho e de terno bem cortado abriu a porta sem bater. Todos sentiram a importância daquela presença, que preencheu o ambiente de elevado respeito hierárquico.

— Doutor Rubens, quero conversar com o senhor.

O delegado não deixou que esperasse. Seguiu solenemente o velho porta afora, mas antes deixou um recado para Rodrigo.

— Não saia daqui. Você continua em flagrante.

— O secretário sabe? – quis confirmar Bianca, após contemplar as autoridades seguirem para um destino incerto do prédio.

— Ele está aqui desde ontem à tarde – disse Sérgio. – Veio pessoalmente certificar-se de que a história da participação de PMs na morte do empresário japonês não estava sendo investigada.

— No fim das contas, a esposa vai abraçar tudo sozinha.

— Como vão arredondar a execução?

— Isso não é problema meu. Quem assina o relatório do inquérito é o delegado. Eu só atiro. Ela será ouvida hoje, e sua preventiva já está aqui. Vai confessar que matou sozinha, por ciúmes. Que picou o japonês e espalhou seus pedaços por aí. Acho coerente – sentenciou Sérgio, tomando o rumo da saída, seguido pelos outros homens.

— Verossímil!

— Aristotélica, meu amigo. – O último policial, ao sair da sala, espetou o ar com o dedo para enfatizar o adjetivo. – Esse peroba não entende nada de discurso indireto livre – piscou ao se despedir de Bianca, que recolhia a capa de chuva e seu capacete no canto da sala.

— Bicha. Tolstói tá cagando pra você! – ouviram Sérgio gritar do fundo do corredor para o exigente crítico de narrativa de boletins de ocorrência.

Ainda absorto em uma revelação incompleta, Rodrigo quase compreendia o desenlace da morte do empresário japonês, não fossem as dúvidas sobre o que restaria para a figura de Bárbara.

Um estranho sentimento de vergonha o tomava quando se lembrava dos momentos em que passaram juntos. O que eram recordações agradáveis tornaram-se motivo de embaraço e desonra.

Estava leve como há muito não se sentia. Não lhe importava qualquer coisa que ela dissesse no inquérito. Definitivamente morta!

— O que vai fazer essa noite, Bianca? – perguntou Rodrigo, segurando o braço da investigadora.

— Como? – quis repetir para Rodrigo o quanto odiava quando lhe seguravam pelo braço. Não teve coragem. – Meu, você tá horrível. Vai cuidar desse olho antes que ele caia de uma vez por todas.

— Pode me ensinar a andar de moto e atirar ao mesmo tempo? – completou Rodrigo, sibilando um silvo agudo pelo buraco que o canino superior esquerdo deixou em sua boca.

19. SUPLÍCIO CAÓTICO

— Nós ainda estamos procurando as malas que ela usou para carregar o corpo mutilado. Pedi para o pessoal fazer uma varredura na área para encontrá-las. Quanto ao esquartejamento, ela diz que fez com umas facas e que também vai apresentar para a polícia.

Um barulhento tumulto de repórteres cercava Rubens, incomodado com as dezenas de microfones apontados para sua boca. Alguns deles chegaram a tocar seu lábio, mas conteve-se para não parecer impaciente.

— Não descartamos a possibilidade de ela ter sido ajudada por alguém. – Sua última afirmação levantou os ânimos dos jornalistas. O delegado não conseguiu uma única pergunta em meio a tantas que lhe foram lançadas. Nem precisaria; era evidente que todos queriam saber sobre o envolvimento de policiais militares no crime.

— Porém... porém... – pedia silêncio de uma forma educada –, alguém cogitou que a escolha do casal era feita por PMs. Isso não procede. Em nenhum momento essas palavras foram ditas por alguém do

DHPP. O casal nunca usou segurança particular ou escolta, muito menos da PM.

— Delegado, qual foi o motivo da morte do empresário? – gritou uma repórter espremida entre os outros.

— Ela nos disse que, quando desabafou ao marido que sabia estar sendo traída, ele a agrediu e ameaçou tirar a guarda de sua filha. A partir desse momento passou a agir por impulso. Pegou uma das dezenas de armas que o casal mantinha em casa e disparou contra a cabeça do empresário, sob violenta emoção.

Sérgio, no fundo da sala de imprensa, ouvia com atenção a história contada pelo delegado, enquanto penteava vagarosamente seus bigodes com os dedos.

— Depois, levou o corpo até um dos quartos da casa e o esquartejou, como já disse a vocês. Ele é formada em enfermagem, por isso não teve dificuldades para fazer o que fez.

— Sérgio, se você fosse repórter – comentou o colega ao lado –, acreditaria nisso?

— Claro. Quem duvidaria de uma ré confessa?

— Porra! Foi tiro a queima roupa, na cabeça e de cima para baixo. O cara era alto pra caralho. No mínimo, estava ajoelhado. Uma mulher franzina como ela conseguiria, sozinha, picotar um corpo grande como era o do empresário, trancada num quarto, e com a babá cuidando de sua filhinha na sala? E o cheiro das vísceras? O sangue jorrando ao redor?

— Cala boca, Zé – repreendeu Sérgio a seu amigo, sem deixar de acariciar os fios do bigode –, seu problema é que nunca consegue colocar um ponto-final no BO.

Rouco por repetir várias vezes a mesma resposta, Rubens pediu licença para um gole d'água e continuou a versão da polícia:

— A amante do empresário também já foi ouvida e confirmou o profundo relacionamento entre os dois. Ele a conheceu em um site de prostituição...

— O mesmo em que ele conheceu a esposa que o matou?

— Sim – disse com visível constrangimento. – Não temos dúvidas! Trata-se de um crime passional, engendrado por uma esposa traída que viu sua felicidade ameaçada por outra... mulher.

Mesmo com todos os buracos na narrativa e seus personagens pouco convincentes, o caso da mulher que matou e esquartejou seu marido por ciúmes era capa de todos os jornais naquela semana. Uma esposa, ex-prostituta, substituída por outra prostituta.

Por motivos que ninguém sabe ao certo, a imprensa escolheu esse crime para vigiá-lo de perto, diuturnamente.

Todos os outros esquartejamentos que rotineiramente ocorriam em São Paulo foram abandonados pela polícia para que uma resposta rápida e convincente fosse entregue e solucionasse esse caso.

A população foi intimada a presenciar o suplício caótico da esposa cruel em um palco cênico distante, mas familiar. A mulher que ousou transgredir a ordem moral do Direito – puta ingrata e assassina – merecia a vingança de todos através da mão pesada do Estado. Havia nesse crime certos elementos que o fizeram ser merecedor da atenção de todos, e cabia somente à mídia determiná-los.

Ninguém notou, por exemplo, naquela mesma época, quando duas pessoas em uma moto se aproximaram sorrateiramente de um policial militar em horário de folga e dispararam três tiros contra seu peito. No dia seguinte, duas pessoas foram mortas pela PM durante uma ocorrência em que houve troca de tiros, todos os mortos com vasta experiência em crimes e cadeias.

Do mesmo modo, passou despercebido que bases móveis da Polícia Militar foram alvos de ataques. Em uma dessas ocasiões, um carro em chamas foi lançado contra a base, mas por sorte não houve feridos.

Certa noite, policiais de outra base móvel foram chamados para atender uma ocorrência. Logo que saíram, foram alvos de vários disparos.

Os PMs que ficaram na base conseguiram se esconder e não foram feridos. Horas depois, a polícia encontrou um carro roubado dirigido por quatro pessoas que suspeitaram serem os autores dos tiros. Três deles fugiram na noite, mas conseguiram matar pelo menos um.

Durante toda aquela semana, a equipe de plantão do DHPP atendeu a casos semelhantes: ex-presidiários foram executados por motoqueiros armados. Curiosamente, notou-se um padrão: os policiais militares que estavam de serviço em patrulhamento pela área onde aconteceria o crime afastavam-se do local sempre após receberem, pelo celular, o telefonema de algum colega de farda.

Meio minuto de jornal na TV (o equivalente a um quinto de página impressa) mereceu um episódio digno de final de temporada. A ROTA, equipe de elite da Polícia Militar, recebeu denúncia anônima delatando que ocorria uma festa com integrantes do PCC em um lava-rápido da periferia.

Quando 24 policiais chegaram ao local – relataram os soldados –, foram recebidos com tiros. Encontraram armas de grosso calibre, drogas e planos para o resgate de um detento. Cinco dos suspeitos morreram ali mesmo. Pelo menos um deles foi levado em uma viatura para uma estrada vazia, torturado e executado pela guarnição.

Menos interessante pareceu a história do soldado que, enquanto assistia à TV em sua casa, ouviu um carro chocar-se contra seu portão. Ao sair para ver o que tinha acontecido, foi recebido por cinco homens armados. Morreu nos braços de sua mãe, tendo como testemunhas seu filho e seu sobrinho. A médica legista parou de retirar os projéteis de trezentos e oitenta do corpo do PM quando chegou ao número vinte e nove.

O cabo que fazia bico como segurança na garagem de uma empresa de ônibus também não teve sorte. Viu um carro parar à sua frente, descer três homens armados e disparar mais de uma dezena de vezes, mira certa na cabeça. Não se preocuparam em esconder o rosto, como se quisessem que todos soubessem quem eram os responsáveis pelo crime.

Na Zona Sul da cidade, por volta das cinco horas da manhã, um policial militar ia de moto para o trabalho. Foi fechado por um carro e seus ocupantes lhe deram apenas um, e fatal, tiro na cabeça.

Perto dali, dentro de um supermercado, um PM fazia compras quando foi cercado por três pessoas que o chamaram pelo nome. Depois de responder, os desconhecidos sacaram suas armas e passaram a atirar. O policial teve habilidade para acertar a cabeça de um deles antes de também morrer. Os outros dois fugiram sem serem identificados.

Os policiais militares acionados para atender o homicídio do colega foram recebidos a tiros por uma Kombi que, em seguida, desapareceu na miséria de uma favela impenetrável.

Três também foram as pessoas que pediram para assistir a uma aula de jiu-jítsu em uma academia da Vila Formosa. Ao serem apresentadas ao professor, confirmaram seu nome e sua patente na PM para depois executá-lo a tiros.

Em menos de duas semanas, onze ônibus foram incendiados pela cidade. Um dos autores do atentado foi visto usando uma camiseta com os dizeres: "Si continua matando, nós continua queimando". Para evitar pânico na população, os coletivos passaram a ter escolta de viaturas policiais.

O DHPP confirmou, por meio de interceptação telefônica, que o PCC buscava vingança contra a violência que a Polícia Militar praticava contra seus membros. Entre as milhares de horas ouvidas, selecionaram para a imprensa o diálogo entre um traficante da Zona Leste e um preso:

"Libera os meninos para sentar o pau nos polícia."

20. CAPÍTULO FINAL

"São dois pra lá, dois pra cá."
Fosse fácil assim, como cantava a professora no microfone que pendia em sua boca desde a orelha, Rodrigo não precisaria estar ali, visivelmente constrangido ao som do forró.
Não sabia ao certo quantas pessoas o cercavam. Os espelhos que forravam as paredes multiplicavam os alunos, fazendo do grupo uma infinita multidão. Senhoras de pele cansada rodopiavam sozinhas em uma solitária diversão.
Ao seu lado, um senhor grisalho e compulsoriamente obeso seguia as instruções com muita disciplina; sorria com um braço levantado e a outra mão na cintura, carregando as pesadas pernas sem dificuldade, muito embora os pés parecessem atrasados ao movimento das canelas.
Homens e mulheres distantes, dois grupos naturalmente se formaram enquanto os dois professores, sob olhares atentos, mostravam como os pares deveriam se encaixar de forma polida e elegante.

— Com sorriso, gente! Não se esqueçam de sorrir enquanto estiverem aguardando o chamado para a dança.

O grupo masculino era metade do número das mulheres, mas isso não tornava acirrada a busca pelos dançarinos. Muitas delas escolhiam as amigas como parceiras de baile por vontade própria, fato que chamou a atenção de Rodrigo. Compreensível, já que estava cercado de homens que não poderiam ser chamados de atraentes.

As barrigas salientes denunciavam aqueles que tentavam se recuperar de divórcios doloridos – concluiu o policial. Traziam no rosto a humilhação de, por anos, só conhecerem o toque carinhoso da mulher que um dia amaram por meio da piedade.

— Com sorriso, pessoal!

Era uma ordem direta da professora para Rodrigo, enfatizada com palmas. Ele a recebeu com surpresa, pois tinha certeza de que estava com as pontas dos lábios arqueadas para cima em escancarada alegria. Talvez precisasse relaxar as sobrancelhas.

Não demorou muito para se arrepender de ter ido à aula de dança, mas quando se lembrou de que não havia outro lugar para ir, resolveu ficar e fazer valer o dinheiro já pago.

— Pélvis para frente e para trás, para frente, para trás. Esse movimento é o mais reprimido do nosso corpo, gente. Por isso, relaxem os quadris num círculo bem redondo.

Ouviu no rádio do carro que até aquele momento dez policiais militares tinham sido executados fora do serviço, dezoito ônibus incendiados e sete bases fixas da PM tinham sofrido misteriosos ataques. Alguns credenciavam os crimes aos bandidos ligados ao PCC, em resposta às mortes provocadas pelos policiais da Rota aos integrantes da organização. Para o governo, uma infeliz coincidência que não merecia o interesse da imprensa.

— Senhores, escolham seus pares...

"Uma infeliz coincidência só existe no cinema, secretário." Calculou quantos policiais seria necessário morrer para que a guerra terminasse. Era impensável uma vida de ataques e atentados sem qualquer providência eficaz.

Enquanto tentava se lembrar de quantos projéteis no peito de alguém bastariam para matá-lo, sentiu uma das mulheres agarrar sua mão. Não percebeu quando dedos seguraram sua cintura com respeito.

— Quem não escolhe é escolhido – gritou a professora quando viu Rodrigo ser abordado pela dama.

"Não, idiota. Quem não dança." Restou a Rodrigo render-se ao mudo pedido da dança. Ao envolver sua mão na parte de baixo das costas da mulher, a ponta de seus dedos reconheceu o volume característico de coldre e arma.

— Você tá armada?

— Claro. Por quê? Você não? — Bianca sorriu honesta. Ele retribuiu a alegria de encontrá-la ali e mais uma vez repreendeu sua incapacidade de perceber as coisas perigosas que aconteciam ao seu redor.

— Eu não sei dançar.

— Não foi por causa de seu remelexo que te escolhi. — Sentiu-se envaidecido pelo elogio, um calor que durou o tempo de perceber que ele seria a escolha darwiniana óbvia: o mais novo entre todos os homens, o mais magro e com toda a cabeça coberta por cabelos. Provavelmente, o único que ainda não tinha se casado. Não havia competição. Uma forma patética de vencer, mas ainda era uma vitória, porque Bianca sabia que ambos eram patéticos para conversar com seus parceiros sobre coisas tão difíceis, como encaixes de corpos.

Trouxe a mulher contra seu corpo além do que permitia a elegância de salão. Ela correspondeu, alinhando seu tronco para melhor encostar-se ao peito de Rodrigo. Erraram a saída — "À direta, Rodrigo. Sempre comece pela direita".

— Encoste sua testa na minha, Bianca. Assim melhoramos a sincronização.

Seguiram acertando o ritmo dos pés de acordo com o sobe e desce do contato da cabeça.

Quando estavam convencidos de que poderiam antecipar o balançar do outro, Bianca deitou sua cabeça no ombro de Rodrigo. Suas mãos se apertaram com força.

Sem saber com que coragem, o investigador levou os dedos da mulher para seu outro ombro livre e, devagar como deveria ser, tocou a sedosa cabeça de Bianca. Sentiu que ela inspirou fundo.

De repente, já não sabiam se o tum tum tum que sentiam na pele vinha da música alta ou era o som de seus corações conversando entre si, enquanto dois ônibus que queimavam em diferentes pontos da cidade naquela noite paulistana.

Este livro foi composto em Electra
para a Editora Planeta do Brasil
em novembro de 2012.